つぶつぶ雑穀
お弁当

野菜がたっぷり食べられる毎日のヘルシーレシピ

大谷ゆみこ

学陽書房

はじめに

　日本各地の伝統の食生活を学んでいくうちに、日本には、一人暮らしや小家族で暮らす現代人の役に立つ「食の技」がたくさんあることに気がつきました。とくにすばらしい技が、味噌などの発酵食文化を代表とする、保存料理術です。湿気が多くカビの生えやすい気候の日本では、冷蔵庫がなくても食べものを保存する多彩な技が発達しました。日本の伝統食は、保存しながら栄養価もおいしさも高めてしまうという、夢のような技の宝庫だったのです。

　伝統の技にヒントを得て工夫したつぶつぶ流の保存料理術をマスターすれば、毎日のお弁当作りが驚くほどらくちんになります。雑穀とさまざまな日本の伝統食材を、伝統の発酵調味料と伝統の技で料理することで、冷めてもおいしくて、いたみにくく、そして栄養バランスの優れたおいしいおかずが、必要な量だけ、簡単に作れてしまいます。

　技と食材は伝統ですが、見た目も味もボリューム感も大満足！　新しい現代風グルメ弁当を楽しめるのがつぶつぶ流です。

CONTENTS

- 3 　はじめに
- 6 　つぶつぶ流 雑穀お弁当　7つのメリット
- 8 　挽肉は高キビに、卵はもちキビに、白身魚はヒエにおまかせ！
- 9 　お弁当のごはん
- 10　基本の調味料

Recipes 1　高キビミート活用弁当

- 12　基本の高キビミート
- 14　ナスの高キビそぼろ炒め弁当
- 16　高キビソテー弁当
- 18　高キビミートボール弁当＆
  　　高キビプチハンバーグ弁当
- 20　高キビキーマカレー弁当
- 22　高キビキーマパロータ弁当
- 24　高キビタコライス弁当
- 26　高キビタコミートのラップサンド弁当
- 28　高キビそぼろ海苔弁当
- 30　高キビ中華そぼろの春餅巻き弁当＆
  　　高キビニラまんじゅう弁当
- 32　高キビ詰めレンコンのカツレツ弁当
- 34　高キビミートソース弁当
- 36　Column 1
  　　お弁当の味方①　簡単和え物

Recipes 2　もちキビ卵活用弁当

- 38　基本のもちキビ卵
- 40　炒りもちキビの菜の花弁当
- 42　味噌風味のもちキビクリーミーコロッケ弁当
- 44　もちキビトマトドリア弁当＆
  　　ナスともちキビの柳川風弁当
- 46　キノコのもちキビグラタン弁当
- 48　もちキビリンゴと油揚げ弁当
- 50　インゲンとパプリカのもちキビ炒め弁当＆
  　　もちキビ卵のすき焼き風弁当
- 52　もちキビのふわふわナゲット弁当
- 54　円盤パンのもちキビサンド弁当
- 56　つぶつぶ軍艦巻きと野菜のにぎり寿司弁当
- 58　もちキビと高キビとリンゴのおやき弁当
- 60　Column 2
  　　お弁当の味方②　簡単漬け物

Recipes 3　ヒエしんじょ活用弁当

- 62　基本のヒエしんじょ
- 64　ヒエの笹かまぼこ弁当
- 66　ヒエかまぼこの照り焼きと
　　　高キビごはんの漬け物いなり寿司弁当
- 68　ヒエのフィッシュボールのタイ風炒め弁当＆
　　　ヒエのフィッシュボールのフライ弁当
- 70　揚げビーフンのヒエエビあんかけ弁当＆
　　　ヒエエビのナッツ揚げ弁当
- 72　ヒエエビのチリソース弁当
- 74　ヒエエビの天ぷらおにぎり弁当
- 76　ヒエの蟹爪風フライ弁当
- 78　ヒエの蟹かまぼこ風弁当
- 80　ヒエつみれの天ぷら弁当＆
　　　ヒエつみれと即席煮物弁当
- 82　ヒエつみれのゴボウ巻き弁当
- 84　ヒエのさつま揚げと雑穀チャーハン弁当
- 86　Column 3
　　　お弁当の味方③　根菜の簡単保存料理術

- 88　つぶつぶ雑穀お弁当がおいしく作れるおすすめ素材
- 89　つぶつぶ Information
- 90　おわりに

●本書で使用している計量の単位
1カップ……200cc　　1合……180cc　　大さじ1……15cc　　小さじ1……5cc

・レシピの分量は、とくに表示のない場合、すべて**1人分**です。
・本書レシピ中で「植物油」および「油」とあるのは、すべて**菜種油7：ごま油3**の割合で混ぜたもののことです。

つぶつぶ流
雑穀お弁当
7つのメリット

　雑穀を毎日食べると、現代の食に不足している微量栄養素が補給されるので、体の働きが活発になり、不要なものがどんどん出ていって、血液やリンパ液の流れがスムーズになりやすくなります。また、雑穀には、体に必要な栄養のほとんどがバランスよく含まれているので、新しくつくられる細胞がどんどん元気になっていきます。

　さらに、雑穀と野菜を組み合わせると、なんと、動物性食材をまったく使わなくても、魚のすり身風料理や挽き肉風料理、卵風料理がおいしく作れてしまいます。臭みのないコクと風味のあるおいしさが、年代を超え、好みを超えて喜ばれる新感覚の料理です。

　雑穀料理を毎日のお弁当に取り入れて、新しいおいしさを楽しみながら、元気な体づくりをしていきましょう！

　つぶつぶ料理で作るお弁当は、おいしいだけでなく、つぎのような、たくさんのメリットがあります。

メリット 1　冷めてもおいしい

栄養バランスのとれた雑穀は、おいしさを保つ力が強いのです。だから、雑穀と野菜で作る雑穀おかずは、味や匂いが劣化しにくく、冷めてもおいしいので、毎日のお弁当づくりの強い味方になります。

メリット 2　作り置きがきく

つぶつぶ流の雑穀おかずは、冷凍しても味が変わりにくいので、必要なときに必要な分だけそのまま蒸したり、揚げたり、焼いたりするだけで、できたてのおいしさに戻ります。食事作りのついでや週末などにまとめて作って、ストックしながら活用できるので、毎朝の少量のお弁当作りにも役立ちます。

メリット 3 ボリューム満点で低カロリー

雑穀の特徴の1つに、ボリューム感があります。水をたっぷり吸って炊きあがった雑穀は3～4倍にふくれあがって量感がでます。逆に、同じボリュームの肉料理などと比べてカロリーはグッと低いので、安心して、お腹いっぱいお弁当を食べることができます。

メリット 4 野菜がいっぱい

つぶつぶ流の雑穀料理は、おかずそのものが雑穀と野菜や海藻で作られているので、付け合わせの野菜料理をあまり気にする必要がありません。また、水が出たり、変質しやすい野菜を入れなくても栄養バランスがととのうので、とてもお弁当向きです。

メリット 5 繊維たっぷり、栄養バランス抜群

古代から主食として食べられてきた雑穀は、人間にとってお母さん地球のおっぱいにあたる食べものです。人間の体や心や魂を同時に養う栄養が、見えない栄養も含めて、絶妙のバランスで詰まっています。食物繊維もたっぷり、そして、意外とタンパク質も多く、味の面でも現代感覚の満足感があります。

メリット 6 腐りにくい

海のミネラルに富む自然塩とその発酵調味料である味噌、しょう油、梅酢で調理するので、うま味が強く、また、酵素などが雑菌の繁殖を抑えて腐敗しにくくしてくれます。植物性食材は食中毒を起こしにくく、その点も安心でおすすめです。

メリット 7 経済的

まとめ調理ができるので、毎朝の調理時間も光熱費も食費も大幅に節約できます。さらに、乾物と少しの野菜で作れるので、毎日買い物に行く必要もありません。時間の節約がしっかりできて、大きなメリットとなります。

お弁当の定番＆人気おかずメニューの食材といえば
挽肉、卵、白身魚……

挽肉は高キビに、卵はもちキビに 白身魚はヒエにおまかせ！

本書では、さまざまにある雑穀の中から、お弁当メニューに活用しやすい
高キビ、もちキビ、ヒエの3種類を選びました。
3種の雑穀を野菜と組み合わせると、目にも舌にもおいしくて楽しい、
つぶつぶ流雑穀お弁当の世界が、どんどん広がります。

高キビ

　赤茶色のもちもちキュッとした、歯ごたえが特徴のつぶつぶが高キビです。アフリカ生まれの雑穀で、中国を経由して日本に入ってきました。
　挽肉そっくりの色と食感を活用して、定番の挽肉風料理がさまざまに楽しめます。動物の挽肉料理と違って臭みがなく、ほのかな甘みもあって、肉よりおいしいと大人気。
　デトックス効果がとくに高いつぶつぶです。

もちキビ

　ビビッドな黄色の、ヒエよりやや大きめの丸くしっかりした粒がもちキビです。炒り卵のようなコクとビビッドな黄色がもちキビの特徴で、ふんわり感のあるとろみがおいしい雑穀です。
　抗酸化力が高く、体のサビをとって若々しい細胞を作りやすくしてくれます。善玉コレステロールを増やす働きも期待できます。

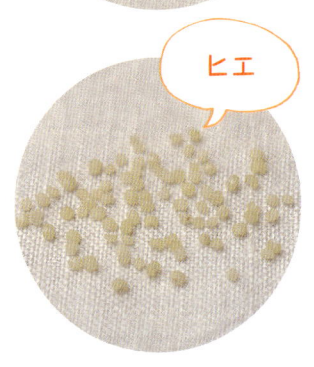

ヒエ

　ミルキーでふんわりとした、クセのない食感が特徴のオフホワイトのつぶつぶがヒエです。ヒエは日本生まれの雑穀といわれています。
　魚のすり身のような食感を活用して、みんなが大好きなかまぼこやつみれを作ったり、エビ風料理を楽しむことができます。
　クセのないあっさりした味わいの中にコクがあり、ミネラルも豊富です。また、体を芯からあたため、腸を元気にする効果が期待できます。

● ヒエ・高キビ・キビ・精白米の栄養成分比較（100gあたり）

	ヒエ	高キビ（もろこし）	キビ	精白米
エネルギー(kcal)	367	364	356	356
たんぱく質(g)	9.7	9.5	10.6	6.1
脂質(g)	3.7	2.6	1.7	0.9
炭水化物(g)	72.4	74.1	73.1	77.1
灰分(g)	1.1	1.3	0.6	0.4
ナトリウム(mg)	3	2	2	1
カリウム(mg)	240	410	170	88
カルシウム(mg)	7	14	9	5
マグネシウム(mg)	95	110	84	23
リン(mg)	280	290	160	94
鉄(mg)	1.6	2.4	2.1	0.8
亜鉛(mg)	2.7	1.3	2.7	1.4
ビタミンB1(mg)	0.05	0.1	0.15	0.08
ビタミンB2(mg)	0.03	0.03	0.05	0.02
ビタミンB6(mg)	0.17	0.24	0.2	0.12
食物繊維(総量)(g)	4.3	4.4	1.7	0.5

● すべて炊飯前の生の栄養成分です。　　参考文献：文部科学省 科学技術・学術審議会 資源調査分科会報告「五訂増補日本食品標準成分表」

お弁当のごはん

つぶつぶ流のお弁当に詰めるごはんは、雑穀入りごはん、玄米ごはん、白米ごはんなど、なんでも合います。おかずに雑穀がふんだんに使ってあるので、白米ごはんでも、その栄養価とバランスがグッとアップします。
ごはんの量は、おかずのボリュームにもよりますが、160～200gが目安です。

本書レシピ中の各ごはんの分量（炊きやすい量）と基本の炊き方

● もちキビごはん：もちキビ1/2合＋白米2と1/2合＋自然塩小さじ1弱＋水2と1/2合強の目盛り
　　　　　　　　　（水加減の「強」は目盛りの線の上までのこと）
● 高キビごはん：高キビ大さじ2＋白米3合＋自然塩小さじ1弱＋水3合の目盛りと大さじ2
　　　　　　　　（高キビは、炊く前に熱湯をそそぎ、フタをして30分置き、水をきる）
● ヒエごはん：ヒエ1/2合＋白米2と1/2合＋自然塩小さじ1弱＋水3合の目盛り
● 六穀ごはん：五穀ミックス1/3合＋白米2と2/3合＋自然塩小さじ1弱＋水3合の目盛り
● 玄米ごはん：玄米3合＋自然塩小さじ1/3＋水4合

基本の炊き方

❶ 雑穀と白米（または玄米）を準備する。
❷ 大きめのボウルに①を入れ、たっぷりの水をそそいで混ぜ洗いする。浮いてくるゴミや未熟の粒と一緒に水を捨て、これを数回繰り返してから、目の細かいザルにあげる。
❸ 炊飯器に②と分量の水と塩を入れ、炊く。玄米は圧力鍋に分量の水を入れて沸騰させ、玄米と塩を入れて混ぜ、強火にかける。圧力がかかったら中弱火にして15分、とろ火にして15分炊き、10分蒸らす。
❹ 炊きあがったら、しゃもじで下から上に返すように大きくさっくり混ぜ、風を入れる。玄米は蒸らし終わったら、すぐに風を入れるのがおいしさのポイント。
＊ 残ったらおにぎりにするか、バットに広げて冷蔵すると、味がおちず、1週間は保存できます。また、冷凍すれば長く保存できます。解凍する場合は、蒸籠がおすすめ。蒸し時間は、蒸気が上がってから15分が目安です。

杉や檜の曲げわっぱのお弁当箱に詰めると、ごはんは冷めてもおいしいだけでなく、風味が増しておすすめです。曲げわっぱは、しばらく水につけてサッと水分を拭き取ってからごはんを入れ込むと、お弁当箱にごはん粒がつきにくくなりますし、おかずの油などもしみにくくなります。

基本の調味料

自然塩

塩は海のエネルギーの結晶です。海水から伝統の製法で作られた塩を使うことが、食材のうま味を引き出し、栄養バランスをととのえる秘訣です。

菜種油
ごま油

菜種油・ごま油

料理にコクとうま味をそえる油は、体の働きの調整や細胞の再生などに欠かすことのできない栄養です。毎日の調理には、必須脂肪酸バランスのすぐれた菜種油をメインに、抗酸化力抜群のごま油を7：3で混ぜたブレンド油をおすすめします。

梅酢

酢の仲間は体を冷やす力が強すぎるので、毎日の調理には、酸味はあるけれど塩の仲間の梅酢を使うのがつぶつぶ流です。梅酢は梅干しの漬け汁です。抗酸化力や解毒力など、梅干しと同じ薬効が期待できます。

豆味噌
麦味噌

味噌・しょう油

自然塩と有機栽培の大豆を原料に、伝統の醸造法で作られた麦味噌と豆味噌、そして、しょう油を使います。豊富な酵素とアミノ酸のうま味が、料理の味を引き立てます。

＊味噌は麦味噌を基本として、豆味噌を7：3くらいでブレンドしたり、コクを出したいときは豆味噌を多めに使います。

＊しょう油には薄口しょう油や小麦だけで作られた白たまりなどがあり、使い分けるとさらに多彩なおいしさが広がりますが、ないときはすべてしょう油で作っても充分おいしくできます。

おいしさと栄養価をアップさせる海藻

フノリ

あずき色の海藻です。さっと水にくぐらせるだけで戻り、料理に彩りとプリプリの食感、海のおいしさをそえてくれます。腎臓のつまりを取る力があるといわれています。

赤トサカノリ

赤が美しい海藻です。フノリと同じように、さっと水にくぐらせるだけで戻り、料理に彩りと独特の食感、そして海のおいしさをそえてくれます。

白キクラゲ

プリプリ感がおいしい半透明のキクラゲです。中国では銀耳（インアル）とよばれる高級食材で、不老長寿の秘薬として珍重されてきました。水で戻し、熱湯で1分ゆでて使います。

Recipes 1

高キビミート
活用弁当

歯ごたえキュッ！
畑の挽肉、高キビ活用料理の
お弁当いろいろ

基本の高キビミート

お弁当の定番&人気の挽肉風おかずがいろいろ作れる!!

トマト味、中華味、カレー味、ピリ辛メキシカン風味や韓国味……
まとめて炊いて、毎日多彩なバリエーションが簡単に楽しめる
高キビミートの基本の炊き方を紹介します。

基本の作り方

材料（できあがりの量＝約300g）
高キビ……1カップ
水……1カップ
自然塩……小さじ1/4

圧力鍋で炊く

高キビは洗ってザルにあげ、水をきる。

圧力鍋に①の高キビ、分量の水、塩を加え、強火にかける。蒸気が上がってきたら、一呼吸おいてからおもりをのせる。おもりが回り始めたら、30秒ほど待って、おもりが少し動く程度の弱火にして10分炊く。

火からおろして10分蒸らしたら、フタをあけて大きく混ぜ、風を入れる。

圧力鍋があれば、10数分で炊ける高キビは、炊きあがるとそのまま挽肉のような色合いをしています。冷まして冷蔵庫に入れておけば、1週間は保存でき、必要な量ごとにいろいろな料理に活用できるので、毎日のお弁当作りが驚くほどラクになります。
　高キビのおかずは、歯ごたえとボリューム感とコクがあるので、お弁当の満足度がグッと上がります。キリッと存在感のあるおいしさは、冷めても変わりません。

鍋で炊く

保存法

密閉容器に入れて、冷蔵庫なら、4〜5日保存可能。必要な量だけ取り出して、そのまま炒めたり、煮たりして、挽肉感覚で使えます。まとめて、フリーザーバックなどに入れて冷凍すれば、解凍するだけで、食材として使えるので、とても便利です。

1 高キビは洗って、たっぷりの水にひと晩つけて水をきる。
＊急ぐときはたっぷりの熱湯につけ、ぴっちりフタをして30分蒸らします。

2 鍋に①の高キビ、分量の水、塩を加え、フタをして強火にかける。沸騰したら中火で5分、とろ火で15分炊く。

3 火からおろして10分蒸らしたら、フタをあけて大きく混ぜ、風を入れる。

ナスならではの果肉の食感とうま味を生かす
高キビそぼろ炒めは味噌が決め手!

ナスの高キビそぼろ炒め弁当

材料
[ナスの高キビそぼろ炒め]
炊いた高キビ(P12)……1/8量(約35g)
ナス……150g
生姜……4g
自然塩……小さじ1/4
麦味噌……20g
水……1/8カップ+大さじ2
植物油……大さじ1+大さじ1

玄米ごはん……180g
青のりごま塩(P74)……小さじ1/2
たくあん……2切れ
紅生姜……適量
ブロッコリー……2切れ(小房)
ニンジン蒸し煮(P87)……8mmの輪切りにしたもの2個

作り方
❶ ナスは1cm強の輪切りにする。生姜は皮つきのまま千切りにする。
❷ フライパンに油大さじ1を熱し、①の生姜をさっと炒め、ナスと塩を入れ、全体に油がまわったら、水1/8カップを加えてフタをする。
❸ ②の水分がなくなったら、ナスを端に寄せて油大さじ1を加え、炊いた高キビを入れて炒め、最後に水大さじ2で溶いた麦味噌をまわしかけ、炒める。
❹ ブロッコリーはゆでる。
[お弁当箱に詰める]
❺ 玄米ごはんを入れて青のりごま塩をふり、たくあんと千切りにした紅生姜をのせる。③のナスの高キビそぼろ炒めを入れ込み、④のゆでたブロッコリーとニンジン蒸し煮を添える。

高キビ粒と根菜たちやナッツ、それぞれの歯ごたえのハーモニーがうれしい！
挽肉そぼろ風の炒め物をのっけて

高キビソテー弁当

材料

[高キビソテー：できあがりの量＝約280ｇ]
炊いた高キビ(P12)……1/2量（150ｇ）
レンコン……50ｇ
ニンジン……20ｇ
長ネギ……35ｇ
シメジ……40ｇ
カシューナッツ……10ｇ
生姜……2ｇ
自然塩……小さじ1/8
植物油……大さじ1＋大さじ1
合わせ調味料
　しょう油……大さじ2
　純米酒……大さじ1
　水……大さじ1

ヒエごはん……180ｇ
たくあん……2切れ
昆布の佃煮(P86)……適量
煎り白ごま……適量
インゲンのエゴマ和え(P36)……適量
大根の千枚漬け(P60)……適量

作り方

[高キビソテー]
1. レンコン、ニンジンは皮つきのまま5mmくらいの乱切りにする。長ネギは5mm幅の半月切りに、シメジは5mm幅の輪切りに、カシューナッツは3等分にする。生姜は皮つきのままみじん切りにする。
2. フライパンに油大さじ1を熱し、①の生姜とレンコンを炒める。半分くらい透き通ったらニンジン、長ネギを順に加えて炒め、塩を加える。さらにシメジとカシューナッツを入れて、炒める。
3. ②に油大さじ1を加え、炊いた高キビをほぐしながら炒める。合わせ調味料をまわし入れ、水分がなくなるまでときどきかき混ぜながら煮る。

[お弁当箱に詰める]
4. ヒエごはんを入れ、③の高キビソテーの1/3量を上にのせる。たくあん、煎り白ごまを散らした昆布の佃煮、インゲンのエゴマ和え、大根の千枚漬けを入れる。

* 高キビソテーは、野菜やナッツの種類を変えてもおいしくできるので、手持ちの食材でアレンジしながら、気軽に作ってみてください。
* 残りの高キビソテーは、冷蔵保存などして、P18の高キビミートボールや高キビプチハンバーグに活用できます。

高キビソテーに小麦粉を混ぜるだけで作れる豪華な味わいの
ミートボールとハンバーグでボリューム感のあるお弁当2種

高キビミートボール弁当＆
高キビプチハンバーグ弁当

材料
[高キビミートボール：7個分＆高キビプチハンバーグ：2個分]
高キビソテー(P16)……2/3量(180g)
小麦粉……大さじ3(21g)
植物油……大さじ1強

[高キビミートボール弁当のごはんとつけあわせ]
玄米ごはん……140g
たくあん……3mmの輪切りにしたもの4枚
キャロットソース(P87)……適量
ニンジンとインゲンの白ごま和え(P36参考)
　……適量
青ジソの切り和え味噌(P36)……適量

[高キビプチハンバーグ弁当のごはんとつけあわせ]
もちキビごはん……160g
梅干し……1個
梅酢煮レンコン(P86)……5mmの輪切りにしたもの1枚
ニンジン蒸し煮(P87)……5mmの輪切りにしたもの2枚
ブロッコリー……4切れ(小房)
しょう油……小さじ2
リンゴジュース……大さじ1と小さじ1

作り方
[高キビミートボール＆高キビプチハンバーグ]
❶ 粗熱のとれた高キビソテーに小麦粉を混ぜる。1個15gの高キビミートボールを7個、1個40gの高キビプチハンバーグを2個作る。
❷ フライパンに油を熱し、①のミートボールとハンバーグを入れ、フタをして中強火で3分焼く。裏返して、中火でフタをしないで3分焼く。
＊ 高キビミートボールの方がハンバーグより火が通りにくいので、弱火でじっくり焼きます。揚げてもいいです。
＊ 成形したら、すぐに焼いてしまって冷蔵保存し、お弁当箱に詰める前に弱火のフライパンかオーブントースターであたためると、より便利です。

[お弁当箱に詰める❶：高キビミートボール弁当]
❸ 玄米ごはんを入れ、たくあんの細切りにしたものと青ジソの切り和え味噌をのせる。②のミートボールを入れて、キャロットソースを添え、ニンジンとインゲンの白ごま和えを入れる。

[仕上げ→お弁当箱に詰める❷：高キビプチハンバーグ弁当]
❹ フライパンにしょう油とリンゴジュースを入れ、梅酢煮レンコンとニンジン蒸し煮を入れて、さっと焼く。野菜を取り出し、火を止めたフライパンに②の焼いたハンバーグ2枚を入れ、両面に味をつける。ブロッコリーはゆでておく。
❺ もちキビごはんを入れ、梅干しをのせる。④のハンバーグ、野菜のソテー、ゆでたブロッコリーを入れる。

高キビ
ミートボール弁当

高キビ
プチハンバーグ弁当

19

つぶつぶ流のベジタリアン・キーマカレーは
高キビと根菜の歯ごたえを楽しむ味噌風味

高キビキーマカレー弁当

材料
[高キビキーマカレー：できあがりの量＝約240g→1/2量使う]
炊いた高キビ（P12）……1/2量（150g）
レンコン（またはゴボウ）……50g
トマト……100g
ニンニク……3g
生姜……3g
植物油……大さじ1
カレー粉……小さじ2
コリアンダーパウダー……小さじ2/3
クミンパウダー……小さじ1/3
自然塩……小さじ1/3
しょう油……大さじ1
麦味噌……小さじ1
水……1/4カップ

ヒエごはん……200g
サラダ菜……3枚
オクラのピーナッツ和え（P36）……適量
海藻サラダ（水に5分つけて戻したもの）……6g
福神漬け……10g

作り方
[高キビキーマカレー]
① レンコン（またはゴボウ）は皮つきのまま5mm角に切り、トマトは1cm角に切り、ニンニクはみじん切りにする。生姜も皮つきのままみじん切りにする。
② 鍋に油と①のニンニクを入れて火にかけ、香りがしてきたら、さらに生姜とレンコンを入れてさっと混ぜ、全体に油がまわったら、カレー粉、コリアンダーパウダー、クミンパウダーを加えて、炒める（レンコンのかわりにゴボウを使うときは、ゴボウのアクがとんでよい香りがするまで、よく炒める）。
③ ②に①のトマト、塩、分量の水を入れ、沸騰してきたら、炊いた高キビを入れる。ひと混ぜして、しょう油を加え、混ぜながら煮る。
④ 煮詰まってきたら麦味噌を加え、かき混ぜながらもったりとしてくるまで、水分をとばすように煮る。
[お弁当箱に詰める]
⑤ サラダ菜を敷いたところに④のキーマカレーの半量を盛り、別にヒエごはんを入れて、オクラのピーナッツ和えを添える。さらに、戻した海藻サラダと福神漬けを混ぜてつけ合わせを作り、入れる。
* キーマとは、ヒンディー語で挽肉のことです。
* ②では、油が冷たいうちからニンニクを入れるのがポイントです。ニンニクにじっくりと火を通すことで、刺激的なにおいが消え、やさしい香りになります。
* 高キビキーマカレーの残りの半量は、P22の高キビキーマバロータなどに活用できます。

21

香辛料の利いたキーマカレーは
日持ちがするのでお弁当向き
インド仕込みのホットサンドイッチで
スナック感覚のお弁当を楽しむ

高キビキーマパロータ弁当

材料
[高キビキーマパロータ：2個分]
高キビキーマカレー(P20)……1/2量(120ｇ)
小麦粉……75ｇ
自然塩……小さじ1/8
水……40cc
植物油……大さじ1

[サラダ]
オクラ……1個
梅酢煮レンコン(P86)……薄切り2枚
レモンの搾り汁……小さじ1/2
自然塩……少々

作り方
[高キビキーマパロータ]
① 小麦粉に塩と分量の水を入れ、よくこねて生地を作る。固くしぼった濡れぶきんをかけて少し寝かせる。
② ①の生地を4等分にして、それぞれを麺棒で直径約15cmの円形にのばす。生地は2枚1組にしておく。
③ ②の生地に高キビキーマカレーを60gずつのせ、もう1枚の生地をかぶせ、生地の周辺に水少々をつけて、上からしっかり押さえてとじる。
④ フライパンに油を熱し、③を入れて焼く。ところどころ白っぽくなって乾いてきたら、裏返す。ときどき押しながら、両面こんがりと焼く。

[サラダ]
⑤ オクラはゆでて輪切りにし、梅酢煮レンコンはいちょう切りにする。
⑥ レモンの搾り汁と塩を合わせたドレッシングと⑤を和える。

[お弁当箱に詰める]
⑦ ④の高キビキーマパロータを半分に切り、容器に入れる。⑥のサラダも添える。

＊ パロータは、チャパティ生地に油や具を練り込んだり、はさんで焼くインド料理です。

ちまたで人気のピリ辛メニュー「メキシカンタコミート」を
高キビで作ってつぶつぶ流タコライス弁当を楽しむ

高キビタコライス弁当

材料
[高キビタコミート:できあがりの量=180g]
炊いた高キビ(P12)……1/4量(75g)
タマネギ……75g
トマト……30g
ニンニク……1/2片
植物油……大さじ1/2＋小さじ1
チリパウダー……小さじ1/2
オレガノ……小さじ1/6
クミン……小さじ1/8
自然塩……小さじ1/4
しょう油……大さじ1/2
水……25cc

[サルサソース]
たくあん……25g
キュウリ……50g
トマトピューレ……50g
チリパウダー……小さじ1
自然塩……小さじ1/4
水……大さじ2

ヒエごはん……180g
レタス……1枚
タマネギ……少々
トマト……1/4個

作り方
[高キビタコミート]
❶ タマネギは薄いみじん切りにする。トマトは1cm角に切る。ニンニクはみじん切りにする。
❷ 油大さじ1/2と①のニンニクを鍋に入れて火にかけ、ニンニクの香りがしてきたら、タマネギを加えてさっと混ぜ、油が全体にまわったら、チリパウダー、オレガノ、クミンを入れて炒める。
❸ ②に油小さじ1を加えて、炊いた高キビを入れて炒め、塩を入れる。
❹ ③に①のトマト、水25cc、しょう油を加えて中火にし、混ぜながら水分がなくなるまで煮る。
[サルサソース]
❺ たくあんとキュウリはみじん切りにする。
❻ ⑤にトマトピューレ、チリパウダー、塩、水大さじ2を入れ、混ぜる。
[お弁当箱に詰める]
❼ ヒエごはんの上に、繊維に直角に薄切りにしてさらしたタマネギ、細切りにしたレタス、④の高キビタコミート、1cm角に切ったトマトを順にのせていく。⑥のサルサソースを添える。
＊ 残りの高キビタコミートは、P26の高キビタコミートのラップサンドなどに活用します。

Point
サルサソースにたくあんを仕込んでうま味と健康度をアップさせました。サルサソースも高キビタコミートも日持ちがするので、お弁当の強力メンバーとして活躍できます！

流行のトルティーリャ生地をつぶつぶ流で手軽に手作り
高キビタコミートを巻いて、おしゃれなラップサンドを楽しむ

高キビタコミートの
ラップサンド弁当

材料(2人分)
高キビタコミート(P24)……120g
レタス……40g
タマネギ……12g
トマト……40g
サルサソース(P24)……小さじ4

[トルティーリャ生地:4枚分]
トウモロコシ粉(またはソバ粉)……1/2カップ
自然塩……小さじ1/4
熱湯……3/4カップ
打ち粉(小麦粉)……適量

作り方
[トルティーリャ生地]
❶ 分量の熱湯に塩とトウモロコシ粉(またはソバ粉)を入れ、一気に混ぜる。
❷ 粗熱がとれたら、4等分にして丸める。
❸ まな板にたっぷりの打ち粉をして、麺棒で直径約20cmの円形にのばす。
❹ フライパンを中火で熱し、❸の生地を入れて片面をしっかり焼く。一部が少しふくらんだら裏返し、プーっと全体がふくれるまで焼く。

[仕上げ]
❺ ❹のトルティーリャ生地それぞれに高キビタコミート30gずつをのせる。さらに、高キビタコライス(P24)と同じように、さらしタマネギ3g、細切りにしたレタス10g、1cm角に切ったトマト10g、サルサソース小さじ1ずつを順にのせて巻く。

敷き詰めた海苔の上のそぼろのストライプがうれしい
味わいも華麗なつぶつぶ流のり弁！

高キビそぼろ海苔弁当

材料
[高キビそぼろ：できあがりの量＝90ｇ]
炊いた高キビ（P12）……1/4量（75ｇ）
ごま油……大さじ1
たれ
　しょう油・純米酒……各大さじ1
　生姜の搾り汁……小さじ1

高キビごはん……200ｇ
焼き海苔……1/2枚
インゲン……40ｇ
紅生姜……少々

作り方
① 炊いた高キビを合わせておいたたれにつけておく。
② 鍋にごま油を熱し、①の高キビを炒める。
③ インゲンはシャキッとゆで、細く斜めに切り、紅生姜は千切りにする。

[お弁当箱に詰める]
④ 高キビごはんを入れ、3等分した焼き海苔をのせ、②の高キビそぼろの半量と細く切った③のインゲン、千切りにした紅生姜を交互に並べる。

＊ 残りの高キビそぼろは、P30の高キビ中華そぼろなどに利用します。

Point
炊いた高キビをたれにつけて冷蔵すると、1週間くらい保存できて、便利です。

＊ 切り和え味噌の簡単スープ

材料(1人分)
青ジソ（または三つ葉）の
切り和え味噌(P36)
　……2ｇ（約小さじ1/3）
熱湯……3/4カップ
自然塩……小さじ1/4

作り方
① カップに青ジソ（または三つ葉）の切り和え味噌を入れる。
② ①に熱湯をそそぎ、塩を加えて、よくかき混ぜる。

高キビそぼろにネギとごま油とナッツを加えて楽しむ本格中華弁当

高キビ中華そぼろを使ったお弁当2種

高キビ中華そぼろの春餅(シュンビン)巻き弁当

材料
[高キビ中華そぼろ：できあがりの量＝120g]
高キビそぼろ(P28)…1/2量(45g)
長ネギ…40g
カシューナッツ…18g
しょう油…小さじ2
ごま油…小さじ1

[春餅]
小麦粉…60g
玄米粉…6g
自然塩…小さじ1/6
水…3/5カップ
植物油…適量

丸煮ゴボウ(P86)…適量
ニンジン蒸し煮(P87)…適量
インゲン…適量
しば漬け…適量

作り方
[高キビ中華そぼろ]
❶ カシューナッツは煎って、粗く刻む。長ネギはタテに4つに切ってから、7mm幅に切る。
❷ 高キビそぼろにしょう油を加える。
❸ フライパンにごま油を熱して①の長ネギを軽く炒め、②とカシューナッツを加え、さっと炒める。

[春餅]
❹ 小麦粉、玄米粉、塩をボウルに入れて、合わせる。粉の中央にくぼみを作り、その中に少しずつ分量の水を加え、まわりの粉を崩しながら静かに溶いていく。
❺ フライパンに少量の油を入れ、小さめのお玉1杯分くらいの④の生地を平らに流して、薄焼きにする。
❻ 全体の色が変わり、生地の端が持ち上がってきたら、裏返してさっと焼く。

[お弁当箱に詰める]
❼ ⑥の春餅の皮と、③の中華そぼろ、タテ8cmの長さに4等分した丸煮ゴボウ、同じくらいの棒状に切ったニンジン蒸し煮、ゆでたインゲンとしば漬けを添えて入れ込む。

高キビニラまんじゅう弁当

材料
[高キビニラまんじゅう：3個分]
高キビ中華そぼろ(上記)…1/2量(60g)
ニラ…8g
皮
　小麦粉…50g
　自然塩…ひとつまみ
　ごま油…小さじ1/3
　熱湯…大さじ2
　打ち粉(小麦粉)…適量
植物油…大さじ1

[つけ合わせ]
インゲン…1本
ニンジン蒸し煮(P87)…適量
大根の千枚漬け(P60)…5枚

もちキビごはん…160g
レタス…小1枚
昆布の佃煮(P86)…適量
ザーサイ…12g
煎り白ごま…少々
しょう油…小さじ2
ごま油…小さじ1

作り方
❶ ニラは1.5cmに切り、高キビ中華そぼろに混ぜる。
❷ 小麦粉に塩を入れて軽く混ぜ、ごま油を加えて箸で混ぜる。分量の熱湯をそそぎ、こねて皮を作る。
❸ ②の生地10gずつを麺棒でのばし、①を20gずつ包む。このとき、生地がくっつくようなら、打ち粉をする。
❹ フライパンに油を熱し、③を強火で焼く。こんがりと焼き色がついたら返して、裏側も焼く。
❺ インゲンはゆで、ニンジン蒸し煮は一口大に切り、それぞれ大根の千枚漬けでおひな様のように巻いて、千枚漬けの昆布で結ぶ。

[お弁当箱に詰める]
❻ もちキビごはんを入れて、ザーサイの粗みじん切りを散らし、煎り白ごまをふって、しょう油とごま油を混ぜたたれをかける(たれは、別に持って行き、食べる直前にかけるとよりおいしい)。昆布の佃煮を添える。
❼ レタス、高キビニラまんじゅう、⑤のつけ合わせを入れる。

高キビ
ニラまんじゅう弁当

高キビ
中華そぼろの
春餅巻き弁当

レンコンのシャッキリ感と高キビミートのうま味がハモった創作カツレツで満足弁当！

高キビ詰めレンコンのカツレツ弁当

材料
[高キビ詰めレンコンのカツレツ]
高キビそぼろ(P28)……適量
梅酢煮レンコン(P86)……8mmの輪切りにしたもの2枚
溶き粉
| 小麦粉……大さじ1
| 自然塩……ひとつまみ
| 水……大さじ1
パン粉……大さじ3
揚げ油(植物油)……適量
キャロットしょう油ソース(P87)……適量

ヒエごはん……180g
杉皮ゴボウ(P86)……適量(フレーク状のもの)
もろみ漬け大根……2切れ
ブロッコリーのアーモンド和え(P36)……適量

作り方
[高キビ詰めレンコンのカツレツ]
❶ 梅酢煮レンコンの穴に高キビそぼろを詰める。
❷ 小麦粉に塩と分量の水を加え、溶き粉を作る。
❸ ①に②の溶き粉とパン粉をつけ、180℃の油でカラリと揚げる。
[お弁当箱に詰める]
❹ ヒエごはんを入れて杉皮ゴボウのフレークを散らし、もろみ漬け大根を添える。③のカツレツを半分に切って入れ込み、キャロットしょう油ソースをかけて、ブロッコリーのアーモンド和えを添える。

冷めてもおいしいとろ〜り高キビミートソースで
イタリアン気分のパスタ弁当を楽しむ

高キビミートソース弁当

材料
[高キビミートソース]
炊いた高キビ(P12)……1/3量(100g)
トマト……250g
タマネギ……50g
植物油……大さじ1/2
自然塩……小さじ1/8
麦味噌……大さじ1

スパゲッティ……80g
菜種油……小さじ1
自然塩……ひとつまみ

海藻サラダ(水に5分つけて戻したもの)……12g
梅酢煮レンコン(P86)……20g
梅酢……小さじ1/3
菜種油……小さじ2/3

丸煮ゴボウ(P86)……1cmの輪切りにしたもの2個
ブロッコリー……1切れ(小房)
ニンジン蒸し煮(P87)……一口大1個
レタス……1枚
小松菜のクルミ和え(P36)……適量

作り方

① トマトは半分に切ってヘタを取り、ザク切りにする。タマネギは薄いみじん切りにする。

② 油を熱して①のタマネギをさっと炒め、トマトを加えて炒める。全体に油がまわったら塩小さじ1/8を入れ、トマトの上に麦味噌をのせてフタをして、沸騰したら中火で煮る。水分が上がってきたら、弱火にして煮込む。このとき、麦味噌はトマトの上にのせるだけで、混ぜたりしないこと。

③ ②のトマトが崩れて、味噌がほとんど溶けたら、ここではじめて混ぜ合わせる。炊いた高キビを入れて混ぜながら、水分がなくなるまで煮る。

④ 鍋に湯を沸かし、塩(分量外→塩の分量は湯2リットルに対して塩小さじ2が目安)を加えて、ブロッコリーをゆでてから、そのままスパゲッティをゆでる。ゆであがったスパゲッティはすぐに水をきり、菜種油と塩ひとつまみを混ぜる。

⑤ 戻した海藻サラダは細切りにした梅酢煮レンコンと和えて、梅酢と菜種油を合わせたドレッシングをかけ、サラダにする。

⑥ 丸煮ゴボウ、④のブロッコリー、ニンジン蒸し煮は楊枝にさす。

[お弁当箱に詰める]

⑦ ④のスパゲッティを入れて、③の高キビミートソースの1/3量をかける。別にレタス、⑤のサラダ、⑥の野菜、小松菜のクルミ和えを入れる。

萩原 光
「困った子」がみるみる「いい子」になる方法!
ちょっと気になる子の育て方
子どもがこんなに素直になるなんて! かんしゃく、気むずかしい、言葉が遅い、落ち着かない…そんな子がみるみる変わる! 子どもがだんだん素直に甘えてきて、かわいくてたまらなくなる方法がいっぱい! 子どもと一緒にいるのが楽しくなってくる一冊です! ISBN978-4-313-66045-8 ●定価1575円

川井道子
子育てがハッピーになる魔法のコーチング
今日から怒らないママになれる本!
イライラの毎日にさようなら! 子どものダダ、わがまま、ぐずり、やる気のなさ、などなど「とにかくなんとかしたい!」とアタマを抱える問題も、子育てコーチングを使うとすっきり解決! 怒るよりずっと効き目のある子育てコーチングはじめませんか? ISBN978-4-313-66039-7 ●定価1575円

柴田愛子
もっとラクに乗り切るコツ
子どもの「おそい・できない」が気になるとき
言葉の発達が遅い、ほかの子をぶってしまう、幼稚園・保育園・学校に行きたくないというなどなど、子育てで「困った!」とお母さんが悩むことについて、ひとつひとつ、どんなふうに子どもにつきあうとよいかを教えてくれる本。悩めるママがほっとできる一冊です。ISBN978-4-313-66044-1 ●定価1575円

池川 明
胎内記憶からわかった子育ての大切なこと
赤ちゃんと話そう! 生まれる前からの子育て
赤ちゃんはおなかの中にいたときのことを覚えてるって知ってますか? 3500人以上を対象とした大規模アンケートからわかった赤ちゃんの記憶とは? 赤ちゃんたちの声が教えてくれる、子どもとママにやさしいお産・子育てがわかる一冊! ISBN978-4-313-66032-8 ●定価1470円

荒井有里
ひとりっ子ほどやさしく がんばりやさんに育つ
ひとりっ子でよかった
「ひとりっ子のままでいいのかしら」と悩むママとパパへ。ひとりっ子にはメリットがいっぱい! お母さんたちの体験と、保育や教育の第一線で活躍する識者へのインタビューから、「ひとりっ子神話」をこわし、迷わない子育てができるポイントを伝える本! ISBN978-4-313-66040-3 ●定価1575円

小野わこ
親子が最高に仲良くなるシンプルな方法
子育て 泣きたいときは泣いちゃおう!
子どもの泣き声やダダこねがほとほとつらいという人へ! 泣く子、ぐずる子、かんしゃくにもラクに向きあえるようになる方法を伝える本。親同士で話しを聞き合う「親の時間」という方法で、親の自信を取り戻しましょう!
ISBN978-4-313-66036-6 ●定価1470円

子育て・育児・
シュタイナー教育書

保育園を考える親の会 編著 **どこに預けられる?**
保育園ママ&パパのための 子どもの病気! お助けガイド

「子どもに熱が! でも大事な会議が!」そんなとき、どう乗り切るといいの!? 本書には、病気の子どもを預かってくれる場所の情報や、いざというときの態勢づくりのノウハウが満載! 悩んでいる保育園ママ&パパに必携の一冊!
ISBN978-4-313-66048-9 ●定価1680円

グループこんぺいと 編著 **ちょっとの工夫で子どもがみるみる自立する!**
怒らないしつけのコツ

イラストでわかるしつけのコツ! ほんのひと工夫で、子どもが自分から楽しんでやりたくなるアイデアがいっぱい! しつけが楽しくなって、ママもパパも子どももハッピーになれる一冊! マナーや生活習慣まで、しつけのポイントがこれ一冊でばっちりOK! ISBN978-4-313-66046-5 ●定価1470円

学陽書房

〒102-0072東京都千代田区飯田橋1-9-3　営業TEL.03-3261-1111
振替00170-4-84240（価格は5％税込価格です）

2008.3

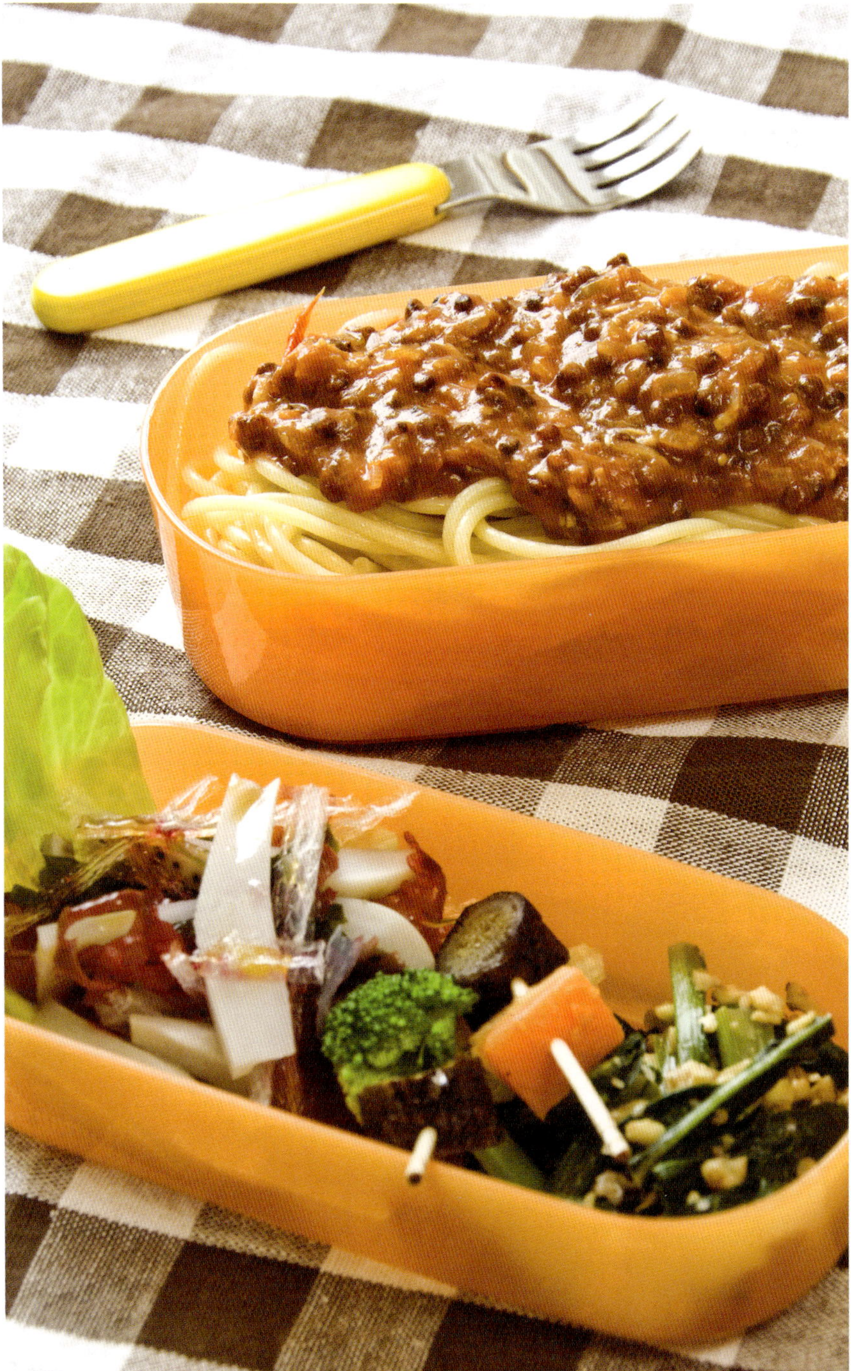

Column お弁当の味方 1

簡単和え物

毎日のおかずにも便利な、基本調味料を活用して作る和え物を紹介します。
サラダは色が変わりやすく、また、味も落ちやすいので、
お弁当には持っていきにくい面がありますが、
日本の伝統の技を生かした和え物なら、いたみにくく、
お弁当の味と栄養のバランスもしっかり補ってくれて最適です！

野菜の和え物

材料（作りやすい分量）
好みの野菜（インゲン、オクラ、小松菜、ブロッコリー、ニンジンなど）……80g
好みのナッツまたはシード（ごま、エゴマ、ピーナッツ、クルミ、アーモンドなど）……大さじ2
しょう油……大さじ1

作り方
1. 野菜は塩ひとつまみ（分量外）を入れた熱湯でゆでる（または、重量の1％の塩をして蒸す）。
2. ナッツは煎って、細かく刻む（ごまやエゴマは煎って、すり鉢で半ずりにする）。
3. ②にしょう油を加えて和え衣を作り、適当な大きさに切った①の野菜を和える。

●おすすめの野菜＆ナッツまたはシードの組み合わせ

インゲン＆エゴマ 　　オクラ＆ピーナッツ 　　小松菜＆クルミ 　　ブロッコリー＆アーモンド 　　ニンジン＆白ごま

切り和え2種

青ジソと三つ葉の切り和え味噌

材料（作りやすい分量）
青ジソの葉（または三つ葉）……25g　麦味噌……50g

作り方
1. 青ジソ（または三つ葉）は粗いみじん切りにして、四角くまとめ、麦味噌をのせる。
2. 包丁のハラ（刃身）を使って青ジソと味噌を混ぜ、なじむまで味噌ごと切っては混ぜ込む。

青ジソの切り和え味噌　　三つ葉の切り和え味噌

または

梅ネギの切り和え

材料（作りやすい分量）
梅干し……20g　長ネギ……40g

作り方
1. 梅干しは種を取って、包丁でたたく。
2. 長ネギはタテに4等分してから3mmくらいの小口切りにする。
3. ①の梅干しと②の長ネギを混ぜ、包丁でたたいて切り混ぜ、ネギトロ風に仕上げる。

＊ そのままでも和え衣としてもおいしく楽しめます。和えるのはキュウリや梅酢煮レンコン、生または蒸したカブなどがおすすめです。

Recipes
2

もちキビ卵
活用弁当

ビビッドな黄色の
とろ〜りもちキビで作る
卵風つぶつぶ料理の
お弁当いろいろ

基本の もちキビ卵

お弁当で定番＆人気の卵のおかず。
つぶつぶ流なら、安心でおいしい
卵風おかずがいろいろ作れる!!

グラタン、ドリア、クリーミーコロッケ、卵サンド……
ふんわりトロリの食材なのに、穀物だから溶け出したりしないので安心。
もちキビ卵の基本の炊き方を紹介します。

基本の作り方

材料（できあがりの量＝約460g）
もちキビ……1カップ
水……2カップ
自然塩……小さじ1/4

1 もちキビは洗って目の細かい
ザルにあげ、水をきっておく。

2 鍋に分量の水を入れて、火にかけ、沸騰したら塩と①のもちキビを入れ、木べらでよく混ぜながら強火で煮る。

もちキビを2倍の水加減でふんわり炊きあげると、炒り卵のような鮮やかな黄色の生地になります。ニュートラルなほのかな甘さとコクのある生地です。
　まとめて炊いておけば、和風にも洋風にも中華風にも、組み合わせ次第でいろいろなおいしさのおかずが作れます。野菜と煮合わせたり、炒め合わせたり、溶き卵感覚で煮物にのせたり、グラタンのソースにしたり、ふわふわの揚げ物にしたり……多彩な味のハーモニーは感動的です。

保存法

密閉容器に入れて、冷蔵庫なら、そのまま4〜5日保存可能。まとめて、フリーザーバックなどに入れて冷凍しても、使いたいときに取り出して蒸せば、できたてのおいしさに戻るので、とても便利です。

3

水がほとんどもちキビに含まれて、木べらの跡がスッとつくようになってきたら、フタをして弱火で15分炊く（クッキングマットを敷くと便利）。このとき、火を入れすぎないように注意する。

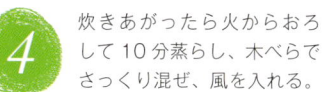

4

炊きあがったら火からおろして10分蒸らし、木べらでさっくり混ぜ、風を入れる。

ビビッドなふわふわ黄色は炒り卵ならぬ炒りもちキビ
ほんのりとした甘さを桜の花の香る塩味が引き立てる

炒りもちキビの 菜の花弁当

材料
[炒りもちキビ]
炊いたもちキビ(P38)……1/4量(115g)
リンゴジュース……1/4カップ
植物油……大さじ1/2
自然塩……小さじ1/8
しょう油……小さじ1/4

ヒエごはん……160g
桜の花の塩漬け……1房
インゲン……30g
杉皮ゴボウ(P86)……30g
梅酢煮レンコン(P86)……30g
梅ネギの切り和え(P36)……10g

作り方
1. 鍋に油を熱して、炊いたもちキビを入れて炒め、リンゴジュースを加え、強火のまま煮る。
2. ①のリンゴジュースが半分くらいに煮詰まったら、塩としょう油で味をととのえて、水分がなくなるまで煮込む。
3. インゲンはシャキッとゆでて、斜めに切る。
4. 杉皮ゴボウはほぐす。
5. 桜の花の塩漬けはさっと水洗いして、水気を拭いておく。
6. 一口大に切った梅酢煮レンコンは梅ネギの切り和えで和える。

[お弁当箱に詰める]
7. ヒエごはんを入れ、②の炒りもちキビをのせて、⑤の桜の花の塩漬けを飾る。さらに、③、④、⑥をそれぞれ並べる。

41

とろ〜りと香り高いもちキビのうま味をクルミ味噌の塩味が引き立てる
新感覚の大きなコロッケとおにぎりが豪快

味噌風味のもちキビ
クリーミーコロッケ弁当

材料
[もちキビクリーミーコロッケ]
炊いたもちキビ(P38)……1/4量(115ｇ)
クルミ味噌(P74)……10ｇ
水……大さじ1
溶き粉
　　小麦粉……大さじ3
　　自然塩……ひとつまみ
　　水……大さじ2
パン粉……大さじ6
揚げ油(植物油)……適量

もちキビごはん……80ｇ
丸煮ゴボウ(P86)……7cm
青のりごま塩(P74)……少々
もろみ漬け大根……1切れ
竹の皮……1枚

作り方
① 小麦粉に塩と水大さじ2を加え、溶き粉を作る。クルミ味噌は水大さじ1で溶く。
② 炊いたもちキビを4等分にして、1つに①のクルミ味噌の1/2量を置き、上にもう1つのもちキビを重ねて、味噌風味のもちキビクリーミーコロッケを俵型に握る(2個作る)。
③ ②に①の溶き粉とパン粉をつけて、180℃の油でカラリと揚げる。
④ 7cmに切った丸煮ゴボウはタテに3等分にして、③で使った溶き粉とパン粉の残りをつけて揚げ、斜め半分に切る。
⑤ もちキビごはんはコロッケと同じ形に握り、青のりごま塩をトッピングする。

[お弁当箱に詰める]
⑥ 竹の皮を水につけて戻し、よく拭いたものを広げて、③のもちキビクリーミーコロッケと⑤のもちキビおにぎり、④の丸煮ゴボウのカツレツと4つに切ったもろみ漬け大根を包み入れる。

＊ コロッケは崩れやすいので、1つずつ握ったら、すぐに揚げるようにするのがポイントです。

43

もちキビを溶き卵に見立てた簡単おかずがメイン
イタリアンと和風、2種類の創作お弁当を楽しむ

もちキビを溶き卵風に使ったお弁当2種

もちキビトマトドリア弁当

材料
炊いたもちキビ(P38)……1/8量(約60ｇ)
トマト……80ｇ
自然塩……小さじ1/4＋小さじ1/4
植物油……小さじ2
ニンジン蒸し煮(P87)……3切れ
　(7cmの長さの細い方を4～6等分にしたもの)
溶き粉
　｜小麦粉……大さじ1
　｜自然塩……ひとつまみ
　｜水……大さじ1
パン粉……大さじ2
揚げ油(植物油)……適量

ヒエごはん……160ｇ
ブロッコリー……3切れ(小房)

作り方
1. トマトは粗いみじん切りにして、塩小さじ1/4をふる。
2. フライパンに油を熱して、①のトマトを軽く炒める。
3. ②に炊いたもちキビをのせて、塩小さじ1/4を加え、フタをして弱火で3分煮る。
4. ③から出てきた水分をフライパンの中央に寄せて、もちキビに吸わせる。
5. 小麦粉に塩と分量の水を加え、溶き粉を作る。
6. ニンジン蒸し煮は細い先端を残して溶き粉とパン粉をつけ、180℃の油でカラリと揚げる。

［お弁当箱に詰める］

7. ヒエごはんを盛り、④をのせる。⑥のニンジンフライとゆでたブロッコリーをまわりに交互に飾る。

ナスともちキビの柳川風弁当

材料
炊いたもちキビ(P38)……1/4量(115ｇ)
ナス……25ｇ
タマネギ……25ｇ
油揚げ……1/3枚
長ネギ(青い部分)……適量
たれ
　｜しょう油……小さじ2
　｜純米酒……大さじ1
　｜水……1/4カップ

玄米ごはん……180ｇ
紅生姜……少々

作り方
1. ナスは8cmの長さに切って、タテに8等分にする。タマネギは5mm幅の薄いまわし切りに、油揚げは細切りにする。長ネギの青い部分はトッピング用に薄い小口切りにする。
2. たれの材料を合わせる。
3. フライパンに①のタマネギ、油揚げ、ナス、炊いたもちキビの順に重ねる。
4. ③に②のたれをまわしかけ、フタをして火にかけ、煮立ったら中火にして5分煮る。①の長ネギをトッピングする。

［お弁当箱に詰める］

5. 玄米ごはんを入れ、④をのせて、千切りにした紅生姜を添える。

もちキビ
トマトドリア弁当

ナスともちキビの
柳川風弁当

もちキビをとろけるチーズに見立てたキノコグラタンを
体にも環境にもやさしい鍋焼き天然酵母パンで楽しむ

キノコの
もちキビグラタン弁当

材料
[キノコのもちキビグラタン]
炊いたもちキビ(P38)……1/6量(約75g)
シメジ……50g
エリンギ……25g
自然塩……小さじ1/3+小さじ1/6
オリーブ油……小さじ1/2
菜種油……小さじ1/2
純米酒……小さじ2

カブ……15g
インゲン……15g
梅ネギの切り和え(P36)……10g
青ジソの切り和え味噌(P36)……3g
鍋焼き天然酵母パン*……2個

作り方
① 炊いたもちキビに塩小さじ1/3を混ぜる。シメジとエリンギは適当な大きさに切る。
② フライパンにオリーブ油と菜種油を熱して、塩小さじ1/6をまぶした①のキノコ類を入れて炒める。さらに酒を加えて、アルコール分をとばす。
③ 耐熱皿に②のキノコ類を盛り、①のもちキビを上にのせて、200℃以上の高温で5分焼く。
④ 一口大に切ったカブとゆでて3cmに切ったインゲンは梅ネギの切り和えと和える。

[お弁当箱に詰める]
⑤ ③のグラタンと鍋焼き天然酵母パンに、④と青ジソの切り和え味噌を添える。

＊ キノコ類はトータル75gで、好みのものを合わせてもいいです。

＊鍋焼き天然酵母パン

材料
小麦粉(中力粉などのグルテンが多い粉がいい)……500g
自然塩……小さじ2
天然酵母の生種★……大さじ2
水……1と1/4カップ
植物油……適量

★ 天然酵母の生種は、本レシピでは「ホシノ天然酵母パン種」を使用しています。そのほかの酵母などを使用する場合は、酵母の起こし方、分量など調整してください。

作り方
① 小麦粉と塩を合わせて天然酵母の生種を加え、軽く混ぜて分量の水を入れ、生地がなめらかになるまでよくこねる。
② ①をポリ袋(密閉容器)などに入れ、室温に一晩(15時間)くらいおく。生地が2〜2.5倍にふくらんで、気泡がたくさんできるのが発酵の目安。
③ 発酵した②の生地から80gを2個分とって、楕円形にのばす。
④ フライパンを熱する前に少量の油を塗り、③のパンを置いて、火をつける。フタをして弱火で10分焼く。裏返して3分焼く。

＊ 鍋焼き天然酵母パンの②の生地からおいしい**天然酵母の蒸しパン**も作れます(上記の残りの分量から約11個分)。1個約50gずつに分けて棒状にのばし、半分に折ってくるくる巻いてから、蒸気の上がった蒸し器で10分蒸してできあがり。粗熱がとれたら、密閉容器で保存するとおいしさが保てます。

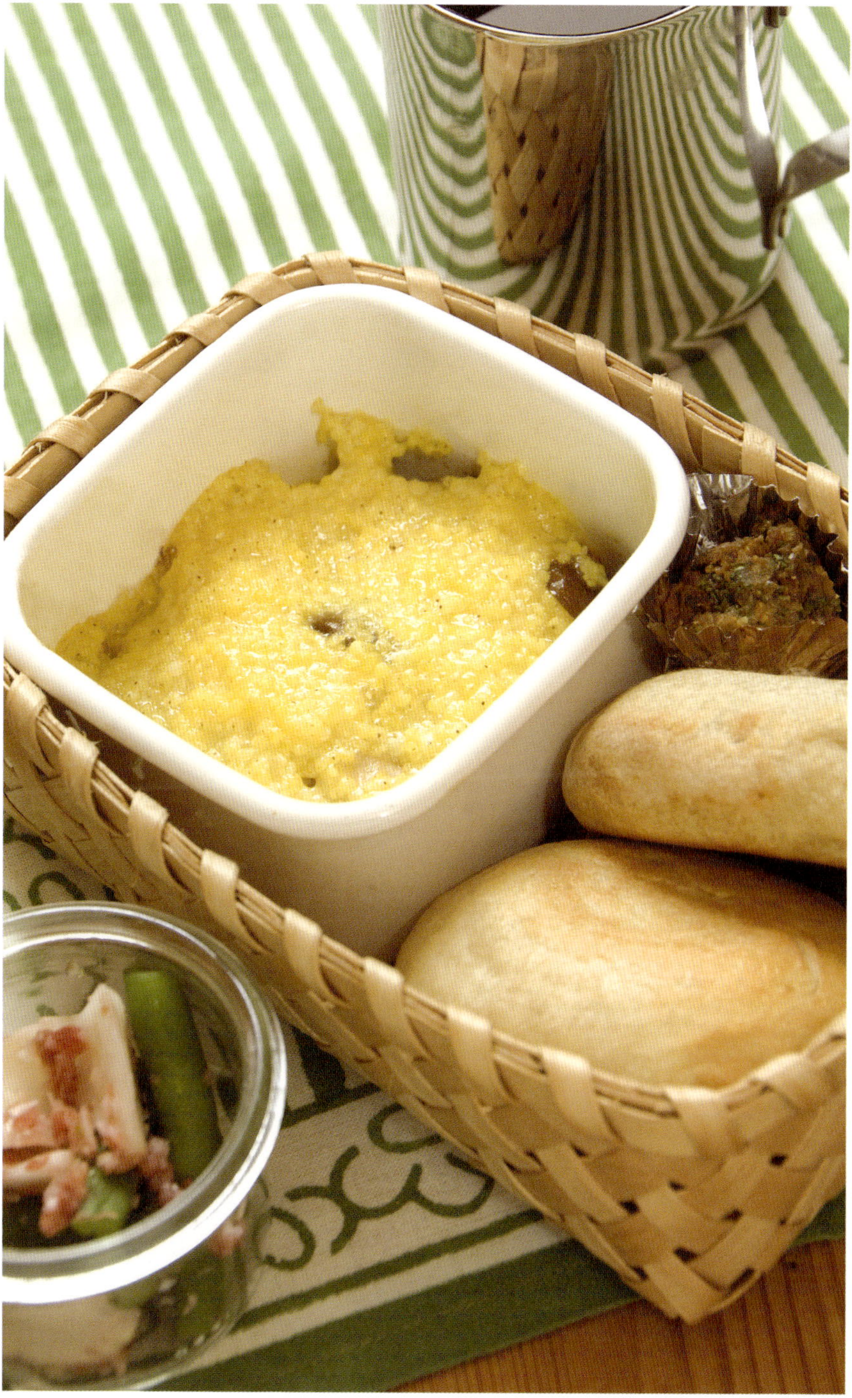

海苔と油揚げの2層のおいしさを楽しむごはんのおかずは
デザート感覚のもちキビリンゴと脇をかためるゴボウ&インゲン

もちキビリンゴと
油揚げ弁当

材料
[もちキビリンゴ]
炊いたもちキビ(P38)……1/4量(115g)
リンゴ……1/2個(100g)
リンゴジュース……大さじ3

もちキビごはん……160g
焼き海苔……1/2枚
しょう油……少々
油揚げのしょう油煮(P66)……1/2枚
ゴボウの味噌漬け(P60)……適量
たくあん……2切れ
丸煮ゴボウ(P86)……適量
インゲンのエゴマ和え(P36)……適量

作り方
[もちキビリンゴ]
1. リンゴは皮つきのままタテ半分に切って芯を取り、3%の塩水(分量外)にくぐらせる。
2. ①のリンゴをタテに3等分して、1cm強の厚さに切る。
3. ②を厚手の鍋に並べて、フタをして火にかける。煮立ったら弱火にして、煮汁が少し残るまで蒸し煮する。
4. 別の鍋に炊いたもちキビ、③のリンゴ、リンゴジュースを入れて中火にかけ、全体がなじむように混ぜながら煮る。

[お弁当箱に詰める]
5. もちキビごはんの半量を詰めて焼き海苔をのせ、しょう油少々をたらす。さらに、もちキビごはんの残り半量を重ねて入れ、その上に開いた油揚げのしょう油煮をのせ、ゴボウの味噌漬けとたくあんを添える。
6. ④のもちキビリンゴ、3cmくらいに切った丸煮ゴボウとインゲンのエゴマ和えを入れる。

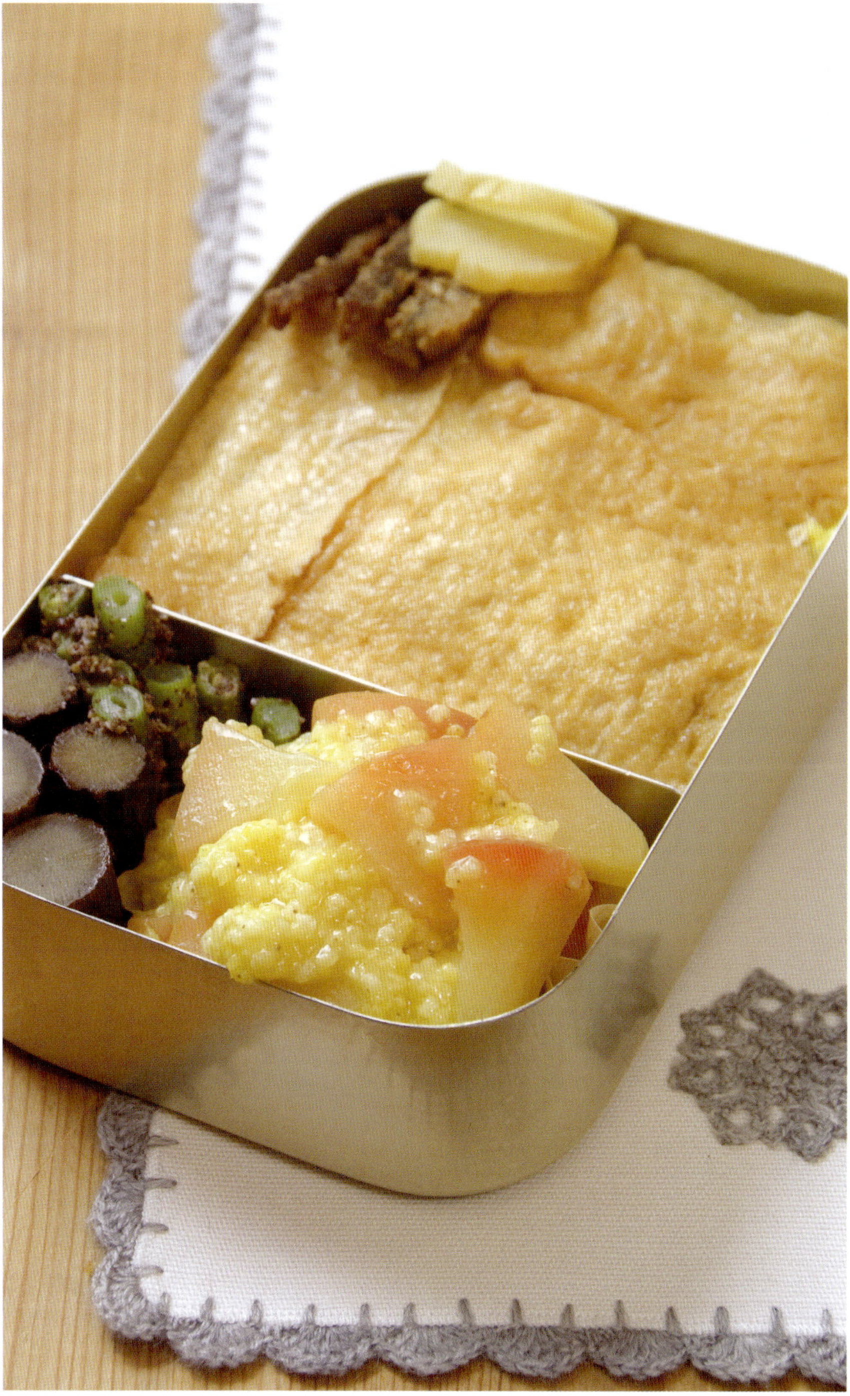

野菜たっぷりスクランブルエッグとすき焼き風の煮込み

もちキビ卵をからめた手軽なボリュームお弁当2種

インゲンとパプリカの もちキビ炒め弁当

材料
[インゲンとパプリカのもちキビ炒め]
炊いたもちキビ(P38)……1/8量(約60g)
ワカメ(戻したもの)……15g
インゲン……15g
赤パプリカ・黄パプリカ……各10g
菜種油……小さじ1
自然塩……小さじ1/6+小さじ1/6
純米酒……小さじ1

ヒエごはん……160g
丸煮ゴボウ(P86)
　……5mmの薄切りにしたもの2枚
梅酢煮レンコン(P86)
　……3mmの半月薄切りにしたもの2枚
しば漬け……適量

作り方
[インゲンとパプリカのもちキビ炒め]
❶ インゲンは斜め薄切りにする。パプリカはそれぞれ種を取り、タテに千切りにする。
❷ フライパンに菜種油を熱し、中火で①のインゲンを炒め、パプリカを加えて火が通ったら、ワカメを入れて混ぜ、塩小さじ1/6と酒をふり入れ、さらに炒める。
❸ ②に炊いたもちキビと塩小さじ1/6を加えて、混ぜながら炒める(好みで仕上げにしょう油小さじ1/2をふり入れると、よりうま味がでる)。
[お弁当箱に詰める]
❹ ヒエごはんを入れ、丸煮ゴボウをのせる。③のもちキビ炒め、梅酢煮レンコン、しば漬けを添える。

もちキビ卵の すき焼き風弁当

材料
[もちキビ卵のすき焼き風]
炊いたもちキビ(P38)……1/6量(約75g)
タマネギ……25g
梅酢煮レンコン(P86)……10g
ニンニク……2g
しらたき……60g
しょう油……大さじ1と1/2
純米酒……大さじ1
植物油……小さじ2

高キビごはん……160g
オクラのピーナッツ和え(P36)……適量
たくあん……2切れ
もろみ漬け大根……2切れ
梅干し……1個

作り方
[もちキビ卵のすき焼き風]
❶ タマネギは薄いまわし切りに、梅酢煮レンコンは薄いいちょう切りに、しらたきは食べやすい長さに切る。ニンニクは繊維に直角に薄く切る。
❷ フライパンに油と①のニンニクを入れて火にかけ、ニンニクの香りがしてきたら、タマネギを入れてさっと混ぜる。全体に油がまわったら、しらたきを入れて炒める。
❸ ②に①のレンコンを入れて、しょう油、酒を加える。さらに炊いたもちキビを入れて、ほぐすように炒めて混ぜ合わせる。
[お弁当箱に詰める]
❹ 高キビごはんを詰め、たくあん、もろみ漬け大根、梅干しをのせる。オクラのピーナッツ和えを添え、③のもちキビ卵のすき焼き風を入れる。

natural life
子どもといっしょに
ナチュラルに
気持ちよく暮らしたい。

学陽書房 おすすめの本

大谷ゆみこ 野菜と和素材がベースの体にやさしい絶品中華料理レシピ

つぶつぶ雑穀中華

高キビを使った麻婆豆腐や棒餃子、もちキビを使ったふわふわあんかけや炒飯、ヒエを使ったチリソースや水餃子……ヘルシーなコクと一度食べたらおいしくてやめられない、家族みんなが大満足の至福のレシピを一挙大公開。中華冷菜＆中華スープの簡単レシピも収録。 ISBN978-4-313-87128-1 ●定価1680円

大谷ゆみこ 野菜+雑穀のおいしさが味わえる驚きのパスタソース術

つぶつぶ雑穀パスタ

高キビのボロネーゼ、もちキビのカルボナーラ、ヒエ粉のホワイトクリームパスタ……簡単で、おいしくて、体の元気も引き出してくれる絶品パスタソースレシピ誕生！ 本格イタリアンから和風、アジアンまで、雑穀の多彩な味や食感、風味が味わえる感動レシピが満載です。ISBN978-4-313-87127-4 ●定価1575円

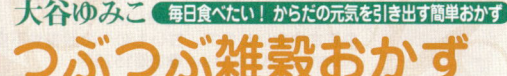

大谷ゆみこ 毎日食べたい！からだの元気を引き出す簡単おかず

つぶつぶ雑穀おかず

野菜たっぷりで、感動のおいしさ！ 高キビミートボール、もちキビのオムレツ、粒ソバギョウザ……うまさとボリュームたっぷりの人気の絶品レシピが盛りだくさん。雑穀は穀物の仲間にして、挽肉や卵、チーズ、ミルク、お魚などの風味と食感を引き出せる驚きの食材です！ ISBN978-4-313-87122-9 ●定価 1680 円

学陽書房
〒102-0072東京都千代田区飯田橋1-9-3　営業TEL.03-3261-1111
振替00170-4-84240　（価格は5％税込価格です）

2008.10

大谷ゆみこ 野菜+雑穀で作る簡単おいしいナチュラルレシピ

つぶつぶ雑穀スープ

ヒエ、キビ、アワ、高キビ……人気食材、エコ食材の雑穀と身近な野菜を組み合わせ、手軽な一鍋クッキングで驚くような自然のうま味と栄養がつまった簡単シンプルの雑穀つぶつぶスープ。大地のエネルギーに満ちた体も心もぐんぐん元気になるスープレシピがいっぱい！
ISBN978-4-313-87112-0 ●定価1575円

大谷ゆみこ 野菜と雑穀がおいしい！簡単炊き込みごはんと絶品おかず

つぶつぶ雑穀ごちそうごはん

炊飯器にいつものごはんと雑穀、野菜を入れて、スイッチ・ポン！ そのままメインディッシュになる新感覚の炊き込みごはんと、炊き込みごはんを活用して作る簡単おかずは、自然の恵みとうま味がぎっしり。ふっくら栄養たっぷりのレシピは、感動的なおいしさです。
ISBN978-4-313-87118-2 ●定価1575円

大谷ゆみこ 甘さがおいしい驚きの簡単スイーツレシピ

つぶつぶ雑穀甘酒スイーツ

雑穀ご飯から簡単にできる繊維とミネラルたっぷりの甘味料「つぶつぶ甘酒」を使って楽しむNOアルコール、NOシュガーの植物性素材100％スイーツ！ 各種和洋菓子からアイスクリームまで作れて、ダイエット中の人、アトピーに悩む人には、とくにオススメのレシピ集。
ISBN978-4-313-87113-7 ●定価1575円

大谷ゆみこ 砂糖、卵、乳製品なしがおいしい100％ナチュラルレシピ

つぶつぶ雑穀粉で作るスイーツとパン

雑穀粉があれば、いつものおやつやパンが大変身。ミルキーなヒエ粉カスタードで作るプディング、スフレ、雑穀粉が香ばしいタルト、パイ、しっとりコクのある雑穀パンいろいろ……。体にやさしい、安心の甘さやおいしさで、甘いものへの我慢や不安ともさようなら！
ISBN978-4-313-87119-9 ●定価1575円

西野椰季子 der Akkordのからだと心でおいしく楽しむレシピブック

マクロビオティック 毎日のパン・デリ・ごはん

簡単でおいしくて気持ちいい!! 東京・表参道の人気ベーカリー「アコルト」が贈るマクロビオティックごはんのレシピ集。天然酵母パンをおいしく食べるサンドイッチ、手軽にできてからだが喜ぶスープ、玄米やパスタ、サラダやデリもの、スイーツなど、シンプルで長続きできる、毎日役立つ一冊です。ISBN978-4-313-87120-5 ●定価1575円

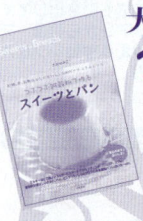

境野米子　自然の恵みと暦をゆったり味わう12月のレシピ
こどもと楽しむにほんの行事ごはん

四季のうつろいを感じとり、暦を見直し、自然の恵みを大切にいただきながら、昔ながらの年中行事をじっくり味わう家庭ごはんのレシピ集。先祖が作り続けてきた晴れの日の食を今に活かしながら、家族みんなでにぎやかに楽しめるおいしいレシピがいっぱいのおすすめの一冊。ISBN978-4-313-87126-7 ●定価1680円

境野米子　自然の恵みをおいしく食べる食育レシピ
こどもに食べさせたいごはんと野菜

穀物と野菜を中心に、豆や乾物、海藻などをシンプルに組み合わせ、日本人の味覚や体質に合ったやさしい味つけのレシピは毎日役立つものばかり。大地の恵みと旬の素材をまるごと食べる簡単ごはんと野菜のおかずは、こどもはもちろん家族みんなを元気にしてくれます。ISBN978-4-313-87115-1 ●定価1680円

ウエダ家　北原まどか 文　暮らしにしみ入るおいしさ
酵母ごはん

旬の果物や野菜、ハーブなどをビンに詰めるだけで誰でも簡単に育てられる酵母。そのまま飲めるサイダーみたいなシュワシュワ酵母液、スープ、炊き込みご飯、蒸し物、パンなどの各種メニューからスイーツ、おせち料理まで、おいしくて体にやさしい簡単レシピが満載！ISBN978-4-313-87110-6 ●定価1680円

ウエダ家　北原まどか 文　野生酵母でつくるレシピ
新しいごはん

化学調味料の強烈な味とは異なり、体にやさしい自然の味わいを育てて楽しむ生きた調味料として注目の野生酵母。五感に響く自然の「うまみ」「あまみ」が、想像をまるごし愛しさを生み出し、毎日の食卓を感動的に変えてくれます。マクロビオティックとも相性抜群！ISBN978-4-313-87117-5 ●定価1680円

ウエダ家＋原田めぐみ　体にやさしいスイーツ
酵母スイーツ

自然のあちこちにある「あまみ」、さがそう！身近にある季節のくだものから野生の酵母や植物性乳酸菌を育て、発酵という自然のプロセスを活用して作り出す「あまみ」。市販のあまみ調味料などを越えた、質の高い、心躍る豊かな味わいのスイーツレシピが生まれました。ISBN978-4-313-87123-6 ●定価1680円

福島麻紀子　自然素材とアロマで手づくり！
赤ちゃんからのナチュラルケア

赤ちゃん・子どもに安心のレシピがいっぱい！ベビーマッサージや、自然素材で作れる虫さされ防止スプレー、日焼け防止クリームなど、子どものスキンケア・ヘルスケアが簡単にできる本。ママも楽しめる自然素材のコスメや家事まで、カラー頁が楽しい70レシピ！ISBN978-4-313-87101-4 ●定価1470円

セヴァン・カリス＝スズキ
ナマケモノ倶楽部編/訳
あなたが世界を変える日

12歳の少女が環境サミットで語った伝説のスピーチ

この星をこれ以上、こわさないで。

世界中を感動させた12歳の少女の環境サミットでの「伝説のスピーチ」が、カラフルな絵本になりました！ 坂本龍一さん・落合恵子さんも絶賛！「ひとりの子どもの力が世界を変えることもあるんだよ」と、すべての子どもに手渡したい一冊です。ISBN978-4-313-81206-2 ●定価1050円

中村純子　自然のめぐみをからだにもらおう
自然素材で手づくり！
メイク＆基礎化粧品

コーンスターチでつくるファンデーションから、口紅やグロス、アイシャドー、せっけん、化粧水、クリームまで、自然な素材で自分の肌に合う安全なメイク＆基礎化粧品が楽しくつくれる簡単レシピ集。自然素材を使った赤ちゃんのスキンケアレシピも好評！
ISBN978-4-313-88046-7 ●定価1470円

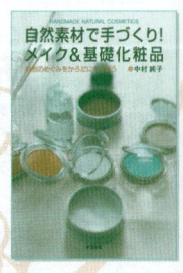

中村純子　アロマで楽しむ！
美肌になろう！
手作りのリキッドソープとクレイ

贅沢に自然素材を使った、肌にやさしいリキッドソープ（液体石けん）で、髪も素肌もつやつやしっとり！　たった15分のかんたんレシピ。ニキビや美白にばつぐんの効果のクレイ（スキンケア用の粘土）のエステレシピも満載！　おうちに一冊キープしたい美肌のための一冊！ ISBN978-4-313-88047-4 ●定価1470円

インゲンとパプリカの
もちキビ炒め弁当

もちキビ卵の
すき焼き風弁当

51

ふわふわっとおいしいナゲットと炒めビーフンを
手作りの蒸しパンと一緒に楽しむ中華風ユニーク弁当

もちキビの
ふわふわナゲット弁当

材料
[もちキビのふわふわナゲット]
炊いたもちキビ(P38)……1/8量(約60g)
クルミ……7g
クコの実……20粒
生姜の搾り汁……少々
自然塩……小さじ1/6
小麦粉……大さじ1
植物油……小さじ2

[簡単ビーフン]
玄米ビーフン……10g(1/4玉)
キュウリ……30g
インゲン……5g
ニンジン蒸し煮(P87)……5g
ごま油……適量
ニラソース(P68)……大さじ1

天然酵母の蒸しパン(P46)……3個

作り方
[もちキビのふわふわナゲット]
① クルミは煎って刻む。クコの実は湯につけて戻す。
② 炊いたもちキビに①のクルミ、クコの実、生姜の搾り汁、塩を入れて、混ぜ合わせる。さらに小麦粉を加えて、混ぜ合わせ、4等分にする。
③ フライパンに油を熱して、②を入れて両面を焼く。
[簡単ビーフン]
④ 玄米ビーフンはごま油を少し加えた熱湯に1分つけて、水をきる。
⑤ キュウリは千切りに、ゆでたインゲンは斜め薄切りに、ニンジン蒸し煮はインゲンの大きさに合わせて細く切る。
⑥ ④の玄米ビーフンに⑤の野菜とニラソースを混ぜる。
[お弁当箱に詰める]
⑦ 天然酵母の蒸しパン、③のもちキビのふわふわナゲット、⑥の簡単ビーフンをそれぞれ入れる。

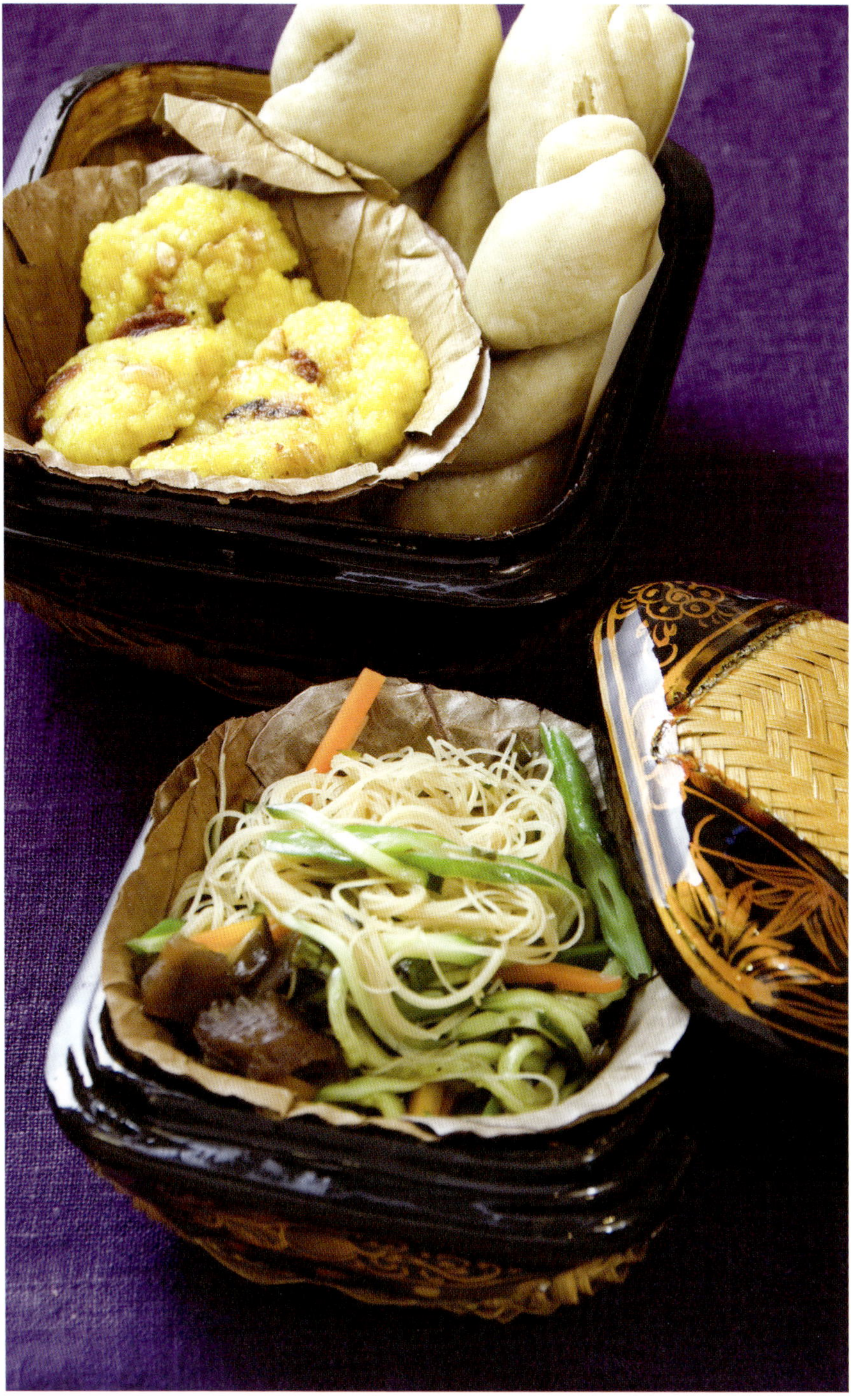

フライパンで焼く円盤形の鍋焼きパンを横にスライス
豪快な卵サンド風のお弁当はインパクトNo.1！

円盤パンの
もちキビサンド弁当

材料(2人分)

[円盤パン：1個分]
小麦粉……500g
自然塩……小さじ2
天然酵母の生種★……大さじ2
水……1と1/4カップ
植物油……適量

[ごまバター]
白ごまペースト……大さじ1
しょう油……小さじ2
水……大さじ2

炊いたもちキビ(P38)……1/3量(約150g)
キュウリ……1本
トマト……2個
しば漬け……10g
自然塩……適量

★ 天然酵母の生種は、本レシピでは「ホシノ天然酵母パン種」を使用しています。そのほかの酵母などを使用する場合は、酵母の起こし方、分量など調整してください。

作り方

❶ 小麦粉と塩小さじ2を合わせて天然酵母の生種を加え、軽く混ぜて水1と1/4カップを入れて、生地がなめらかになるまでよくこねる。

❷ ①をポリ袋（密閉容器）などに入れ、室温に一晩（15時間）くらいおく。生地が2〜2.5倍にふくらんで、気泡がたくさんできるのが発酵の目安。

❸ 発酵した②の生地を大きくひとつにまとめ、表面にワイングラスなどの縁を逆さに押しつけて、円形の模様を重ねてつける。

❹ 薄く油を塗った冷たいフライパンに③をのせ、フタをしてとろ火で15分焼く。裏返して約5分焼く。

❺ 白ごまペースト、しょう油、水大さじ2を合わせてごまバターを作る。

❻ キュウリは斜めに薄く切る。トマトは3mmの厚さの半月切りにする。

❼ 焼き上がった④の円盤パンを横半分に切り、⑤のごまバターを両面に塗る。

❽ 片面に⑥のキュウリを並べて塩をふり、その上にトマトを並べてまた塩をふる。しば漬けをトッピングする。

❾ 炊いたもちキビを⑧の上にのせ、全体に広げて塩をふる。もう片方のパンをのせて、4つに切り、カゴなどに入れる。

55

赤茶色と黄色のつぶつぶをのせた2種の軍艦巻きと
常備菜を活用したにぎり寿司のスペシャルお弁当

つぶつぶ軍艦巻きと
野菜のにぎり寿司弁当

材料(12個分)
好みの雑穀ごはん……300g
梅酢……小さじ2

[具:つぶつぶ軍艦巻き]
高キビそぼろ(P28)＋焼き海苔……各適量
炊いたもちキビ(P38)＋紅生姜＋キュウリ＋焼き海苔……各適量

[具:野菜のにぎり寿司]
たくあん＋インゲン(ゆでたもの)……各適量
梅酢煮レンコン(P86)＋青ジソ……各適量
ニンジン蒸し煮(P87)……各適量
杉皮ゴボウ(P86)＋焼き海苔……各適量

作り方
❶ 好みの雑穀ごはんに梅酢を混ぜ、1個25gに握る。
❷ ①に好みの具をのせる。軍艦巻きには焼き海苔を巻く。

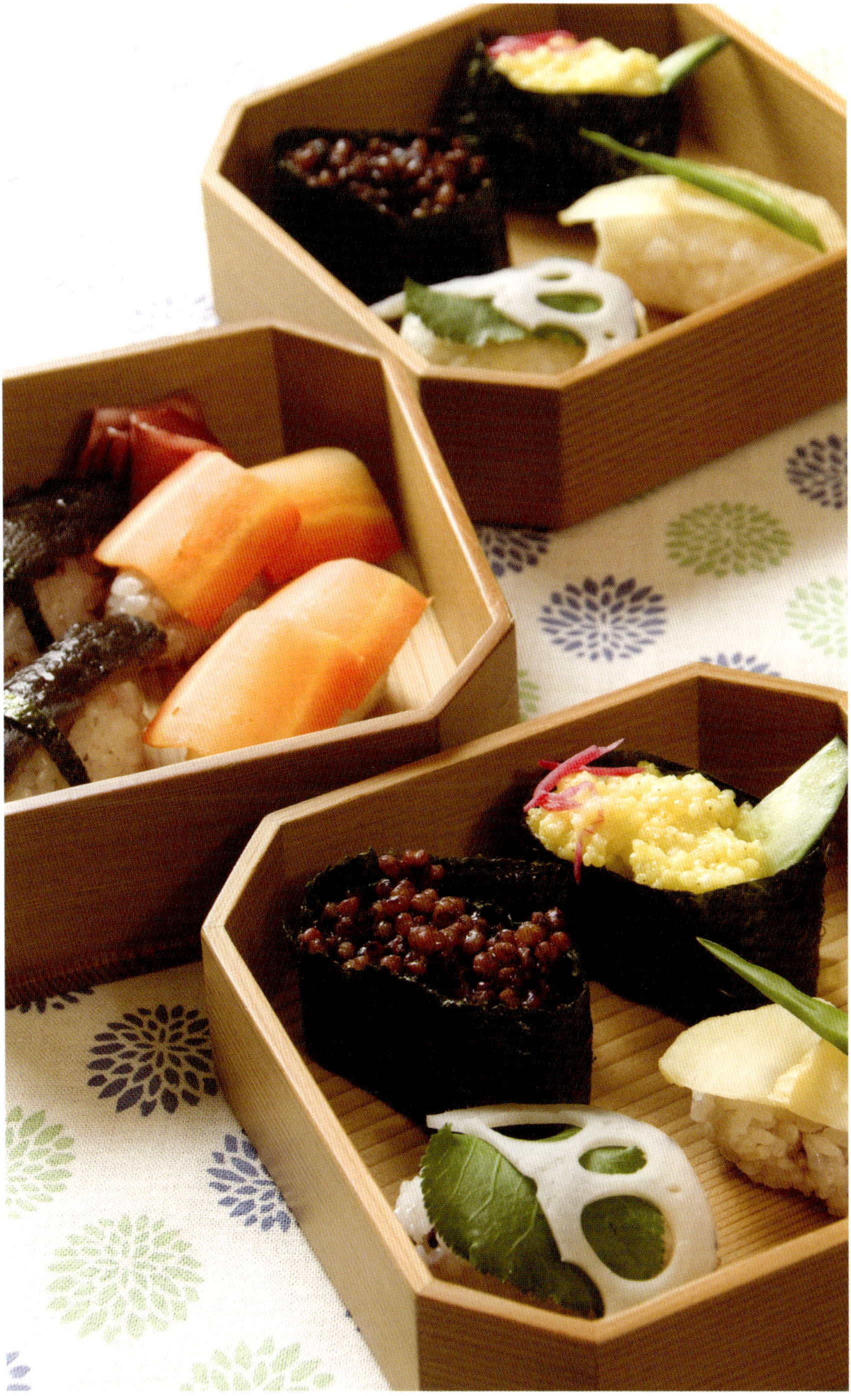

残った雑穀と常備菜を活用して作る簡単おやき3種
デザートも焼きリンゴ風のおやきにして楽しむ

蒸籠やカゴなどにドカッと盛って
ピクニックや屋外でのランチで
楽しめます！

もちキビと高キビと
リンゴのおやき弁当

おやき3種合わせて
3～4人分の分量です

もちキビおやき

材料
炊いたもちキビ(P38)……1/6量(約75ｇ)
大根……150ｇ
小麦粉……100ｇ
自然塩……小さじ1
水……3/4カップ
植物油……大さじ1

作り方
① 大根はマッチ棒くらいの太めの千切りにする。
② 小麦粉に塩と①の大根を入れてさっと混ぜ、分量の水を加えて溶き、炊いたもちキビを加えてよく混ぜ合わせる。
③ フライパンに油を熱して、②を流し入れ、フタをして弱火で10分。さらに裏返して7分焼く。

高キビおやき

材料
高キビそぼろ(P28)……100ｇ
杉皮ゴボウ(P86)……80ｇ
昆布の佃煮(P86)……20ｇ
小麦粉……100ｇ
自然塩……小さじ1
水……3/4カップ
植物油……大さじ1

作り方
① 杉皮ゴボウは崩してフレーク状にする。昆布の佃煮は千切りにする。
② 小麦粉に塩、①の杉皮ゴボウのフレーク、昆布の佃煮、分量の水を加えてよく溶き、高キビそぼろを加えてよく混ぜ合わせる。
③ フライパンに油を熱して、②を流し入れ、フタをして弱火で8分焼く。さらに裏返して5分焼く。

リンゴのおやき

材料
リンゴ……大1個(正味300ｇ)
小麦粉……100ｇ
自然塩……小さじ1/2
水……3/4カップ
植物油……大さじ2

作り方
① リンゴは皮つきのまま4等分にして芯を取り、3％の塩水(分量外)にくぐらせる。さらにタテに3等分して、一口大に切る。
② 小麦粉に塩と①のリンゴを入れてさっと混ぜ、分量の水を加えてよく混ぜる。
③ フライパンに油を熱して、②を平らに流し入れ、フタをして弱火で10分焼く。さらに裏返して5～10分リンゴがやわらかくなるまで焼く。

［お弁当箱に詰める］
④ お焼き3種をそれぞれに切り分けて、蒸籠などに入れ、ごまバター(P54)とニラソース(P68)を添える。

リンゴのおやき

高キビおやき

もちキビおやき

Column お弁当の味方 ②

簡単漬け物

砂糖や化学調味料を使わずに、自然塩で漬けて熟成させた昔づくりの漬け物には、うま味と栄養がたっぷり含まれています。乳酸菌の宝庫で、日本人にとってヨーグルトのような効果があります。

大根の千枚漬け

材料（作りやすい分量）
大根……200g
自然塩……小さじ4/5
昆布……3cm
ユズの搾り汁……小さじ2

作り方
1. 大根は皮つきのまま薄くスライスする。
2. 昆布は水につけてさっと戻し、繊維に垂直になるように千切りにする。
3. ①の大根に塩をまぶして②を混ぜ、水が出るまでおく。
4. ③で出た水にユズの搾り汁を加え、そのまま漬け込む。

* カブでもおいしくできます。
* 半日後から食べられますが、2〜3日目からグッとうま味が高まります。

ゴボウの味噌漬け

作り方
1. ゴボウは皮つきのまま5cmの長さに切り、タテに6等分する。
2. 鍋に湯を沸かし、①のゴボウを約5分ゆでる。
3. 容器に麦味噌を入れ、②のゴボウを味噌に漬け込む。半日おけばできあがり。

材料
ゴボウ……適量
麦味噌……適量

* そのままおいても、味が変わらず、いつでもおいしく食べられます。
* 漬けたゴボウは、味噌を軽くこそげて取り出し、洗いません。
* 容器の味噌が少なくなったら、その分を加えていけば、ずっと使えます。
* 漬け床の味噌は、味噌汁にすると、ゴボウのうま味が楽しめます。

Recipes

3

ヒエしんじょ 活用弁当

ヒエと山芋で作る
魚のすり身風生地を活用した
お弁当いろいろ

基本の ヒエしんじょ

白身魚風や練りもの風のおかずがいろいろ作れる!!

かまぼこ、つみれ、さつま揚げ、むきエビ、フィッシュボール……一度にいろいろ作って、毎日楽しむ、シンプルリッチなヒエしんじょバリエーションの基本です。

まとめて作って、保存して、ラクラクお弁当術！

ヒエ＋山芋＋自然塩→ヒエしんじょ

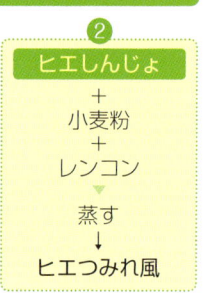

①
ヒエしんじょ
＋
小麦粉
▼
蒸す
▼
ヒエかまぼこ風

②
ヒエしんじょ
＋
小麦粉
＋
レンコン
▼
蒸す
▼
ヒエつみれ風

基本のヒエしんじょの生地の作り方

ヒエを、多めの水加減でしっかり練り上げるようにやわらかく炊きあげると、ふんわりなめらかな生地になります。熱々の炊きたてに、おろした山芋と自然塩を混ぜると、生臭さが加わり、まるでしんじょ（白身魚のすり身につなぎや調味料を加えて練ったもの）のようになります。

材料（1単位：できあがりの量＝約540g）
ヒエ……1カップ
水……2と1/2カップ
自然塩……小さじ1/4

山芋粉……14g
自然塩……小さじ1
水……40cc

作り方
❶ 山芋粉に塩小さじ1と水40ccを入れて、粘りがでるまでよく混ぜる。
❷ ヒエは洗って目の細かいザルにあげ、水をきっておく。
❸ 鍋に水2と1/2カップを入れて、火にかけ、沸騰したら②のヒエと塩小さじ1/4を入れ、木べらでよく混ぜながら強火で煮る。水がほとんどヒエに含まれて、もったりしてくるまで、よく煮る。
❹ 鍋底が見えてきたら、フタをして弱火にして15分炊く（クッキングマットを敷くと便利）。
❺ 炊きあがったら火からおろして10分蒸らし、木べらでさっくり混ぜ、風を入れる。ヒエが熱々のうちに①の山芋を加え、よく混ぜ合わせる。

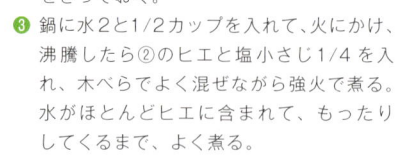

＊ 山芋粉と水のかわりに、おろした山芋50～60gでもよいでしょう。長芋では水分が多すぎて粘りけがたりません。

Point

有機無農薬栽培の山芋を、フリーズドライで粉にしたものです。水を加えて混ぜるだけで、おろしたてのとろろになります。

保存法

冷蔵庫なら、そのまま4～5日保存可能。またフリーザーバックなどに入れて冷凍して、使いたいときに取り出して蒸せば、できたてのおいしさに戻るので、とても便利です。

ヒエしんじょ活用法 1

小麦粉を加えて蒸すと、かまぼこ風の食感と味わいが楽しめます。

ヒエの笹かまぼこ、ヒエのフィッシュボール、ヒエエビ、クセのないコクとうま味、甘味がうれしい！

ヒエの笹かまぼこ

ヒエのフィッシュボール

ヒエエビ

材料（できあがりの量＝約300g）
基本のヒエしんじょの生地……1/2単位（270g）
小麦粉……30g

作り方
1. 粗熱がとれた基本のヒエしんじょの生地に、小麦粉を入れてふんわり混ぜる。
2. ①の生地を目的に応じて分け、一度ギュッと握ってから成型する。①の生地を3等分し、その3等分にしたものそれぞれから、ヒエの笹かまぼこが4個（1個25g）、ヒエのフィッシュボールが10個（1個10g）、ヒエエビが7個（1個約14g）ができる。
3. 蒸気の上がった蒸し器で8分蒸す。

ヒエしんじょ活用法 2

レンコンのすりおろしを加えて蒸すと、つみれ風の食感と風味が楽しめます。

ヒエつみれ、ヒエつみれのゴボウ巻き、レンコンのアクのうま味が加わって、パンチの利いたおいしさ！

ヒエつみれ

ヒエつみれのゴボウ巻き

材料（できあがりの量＝約340g）
基本のヒエしんじょの生地……1/2単位（270g）
レンコン……60g
小麦粉……30g
丸煮ゴボウ……7.5cmの輪切りにしたもの1個

作り方
1. レンコンは皮つきのまますりおろし、軽く水分をきって40gにする。
2. 基本のヒエしんじょの生地が冷めないうちに、①のレンコンを加えて、よく混ぜる。
3. ②の粗熱がとれたら、小麦粉を入れて混ぜる。
4. ③を1個20gに分け、一度ギュッと握ってからヒエつみれの形に成型する。さらに20gの生地4個に、それぞれ7.5cmの長さをタテに4つ割りした丸煮ゴボウに巻いて蒸すと、ヒエつみれのゴボウ巻きが4個できる（ゴボウ巻きは、作りたい数に合わせて丸煮ゴボウを調整してください）。
5. 蒸気の上がった蒸し器で8分蒸す。

ふんわり甘くて臭みのないヒエの
笹かまぼこに焼き色をつけて
新食感の杉皮ゴボウの
しょう油味とのコントラストがうまい

ヒエの笹かまぼこ弁当

材料
[ヒエの笹かまぼこ:2個分]
ヒエの笹かまぼこ(P63)……2枚
しょう油……少々
植物油……小さじ1

[野菜のごまクリーム和え]
ニンジン蒸し煮(P87)……適量
梅酢煮レンコン(P86)……適量
ブロッコリー……3切れ(小房)
ごまクリーム
　白ごまペースト……小さじ2
　しょう油……小さじ1
　水……小さじ2

もちキビごはん……120g
杉皮ゴボウ(P86)……8cmの長さのもの1枚
梅干し……2個
粉山椒(または七味唐辛子)……少々

作り方
[ヒエの笹かまぼこ]
① フライパンに油をひき、中火にして、ヒエの笹かまぼこを焼く。両面に軽く焼き色がついたら、しょう油少々をハケで塗る。

[野菜のごまクリーム和え]
② ニンジン蒸し煮と梅酢煮レンコンは一口大に切る。ブロッコリーはゆでる。
③ 白ごまペーストにしょう油小さじ1、水小さじ2を順に入れてごまクリームを作り、②と和える。

[お弁当箱に詰める]
④ お弁当箱にもちキビごはんを入れ、粉山椒(または七味唐辛子)をふった杉皮ゴボウと梅干しをのせる。
⑤ ①のヒエの笹かまぼこと③の野菜のごまクリーム和えを入れる。

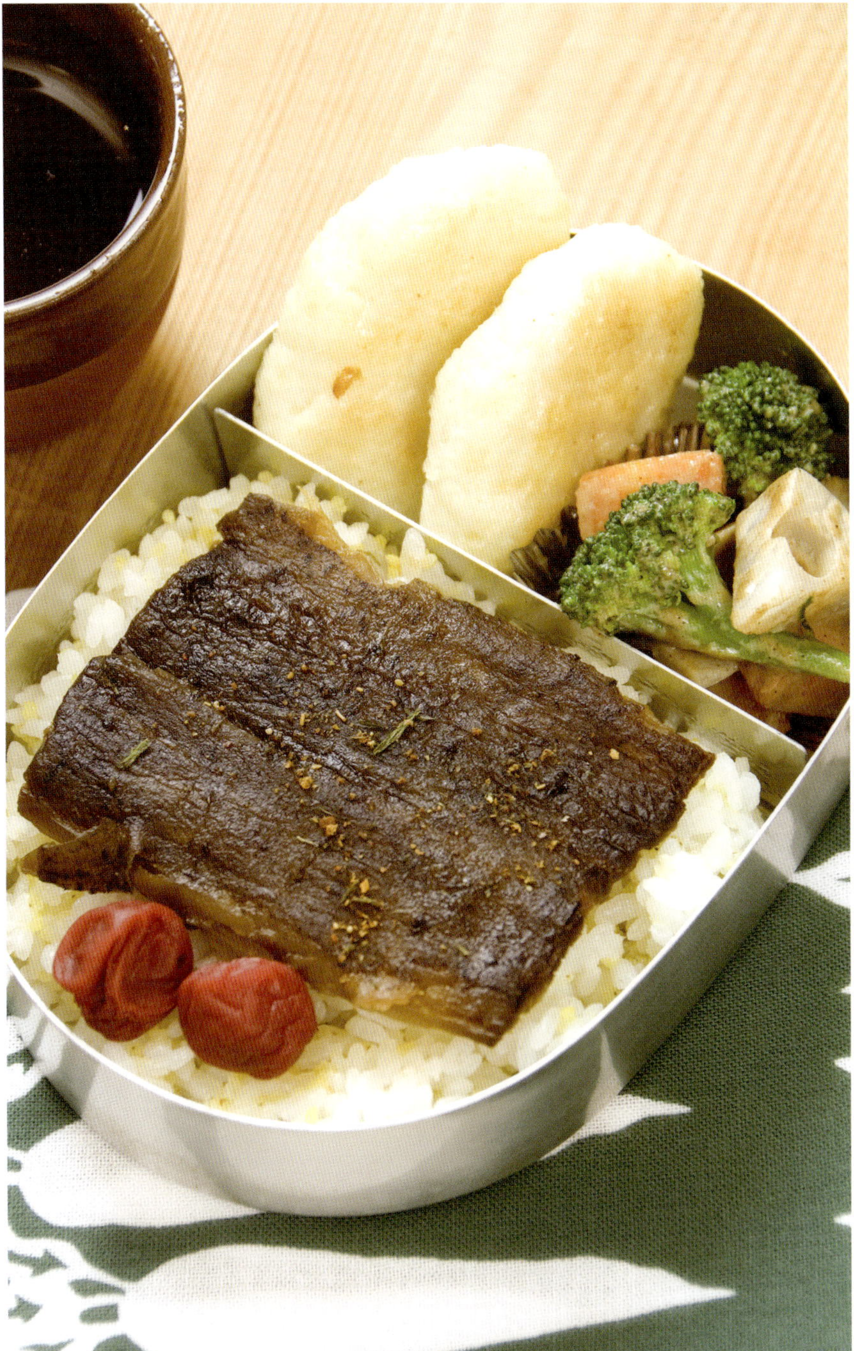

ヒエかまぼこのソフトなうま味を引き立てる照り焼きと
シャープな味わいの創作いなり寿司でごちそう気分の満足お弁当

ヒエかまぼこの照り焼きと
高キビごはんの漬け物いなり寿司弁当

材料
[ヒエかまぼこの照り焼き：3個分]
ヒエの笹かまぼこ(P63)……3枚
焼き海苔……1/3枚
植物油……大さじ1
万能たれ＊……大さじ1

[高キビごはんの漬け物いなり寿司：4個分]
高キビごはん……150g
油揚げのしょう油煮＊＊……4切れ
たくあん……15g
しば漬け……5g
紅生姜……少々
インゲン……4本

[つけあわせ]
ニンジンの白ごま和え(P36)……適量
ゴボウの味噌漬け(P60)……適量
三つ葉の切り和え味噌(P36)……適量

作り方
[ヒエかまぼこの照り焼き]
1. ヒエの笹かまぼこのそれぞれの片面に3枚に切った焼き海苔を貼りつけて、反対の面に魚風のすじを入れる。
2. フライパンに油を熱し、①を焼き海苔がついていない面から強火で焼く。
3. 両面に焼き色がついたら、万能たれをまわしかける。

[高キビごはんの漬け物いなり寿司]
4. 油揚げのしょう油煮は開いて、舟を作る。
5. たくあんとしば漬けをそれぞれみじん切りにしたものを混ぜた高キビごはんを4等分にして、細めの俵型に握ったものをそれぞれ④に詰める。

[お弁当箱に詰める]
6. お弁当箱に⑤のいなり寿司を並べ、みじん切りにした紅生姜とゆでてタテ半分にしたインゲンを飾る。③のヒエかまぼこの照り焼きをメインに、つけあわせを入れ込む。

＊ 万能たれ

材料(作りやすい分量) 
豆味噌……小さじ1/2
しょう油……大さじ1
純米酒……大さじ2
水……大さじ2
リンゴジュース……大さじ1
生姜の搾り汁……少々

作り方
材料を豆味噌から順に混ぜ合わせ、火にかけてアルコールをとばす。

＊＊ 油揚げのしょう油煮

材料(いなり寿司8個分)
油揚げ……4枚　　水……1と1/2カップ
昆布……5cm　　しょう油……大さじ2

作り方
1. 油揚げは半分に切り、まな板の上にのせて、上から箸をコロコロ転がし、袋を開く。
2. 鍋に昆布を入れ、その上に①の油揚げを並べて、分量の水としょう油を加え、フタをして強火にかける。
3. 沸騰したら中火にして、途中、木べらで押しながら、煮汁がなくなるまで煮含める。

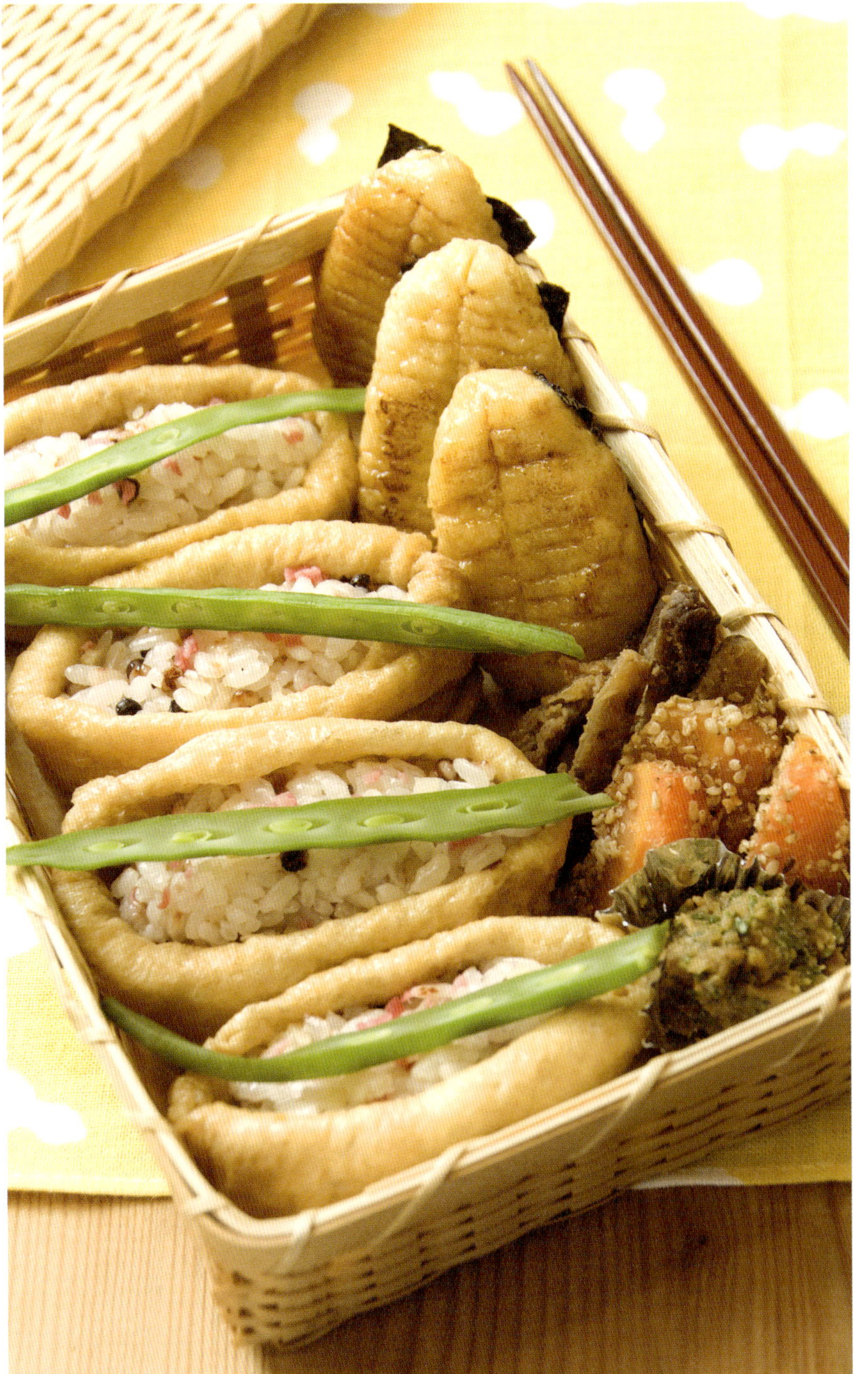

ヒエのフィッシュボールを使ったお弁当2種

魚を使わないフィッシュボールと
和の素材で楽しむタイ風テイスト

ヒエのフィッシュボールの
タイ風炒め弁当

材料
[ヒエのフィッシュボールのタイ風炒め]
ヒエのフィッシュボール(P63)…6個
長ネギ…35g
ニンジン蒸し煮(P87)…25g
パプリカ…10g
ニンニク…5g
みりん…小さじ1
しょう油…小さじ1
白たまり…小さじ1
植物油…小さじ2
ヒエごはん…160g
梅酢煮レンコン(P86)
　…薄切りにしたもの2枚
ニラソース＊…小さじ1
インゲンのエゴマ和え
　(P36)…40g

作り方
[ヒエのフィッシュボールのタイ風炒め]
1. 長ネギは斜め薄切りに、ニンジン蒸し煮は6mmの厚さの短冊4切れにする。パプリカは5mm幅の細切りに、ニンニクは千切りにする。
2. フライパンに油と①のニンニクを入れて、火にかける。ニンニクの香りがしてきたら、ヒエのフィッシュボールと①のニンジン蒸し煮を入れて炒め、取り出す。
3. ②のフライパンに①の長ネギとパプリカを入れてさっと炒め、みりん、しょう油、白たまりを加えて混ぜ炒めする。
4. ②で取り出したヒエのフィッシュボールとニンジン蒸し煮を③のフライパンに戻して、味がなじむように炒め合わせる。

[お弁当箱に詰める]
5. ヒエごはんを盛り、ニラソースで和えた梅酢煮レンコンの薄切りをのせる。さらに④のヒエのフィッシュボールのタイ風炒めとインゲンのエゴマ和えを盛り込む。

＊ 白たまりがなければ、しょう油でもおいしくできます。

青のりでさらにお魚風味が楽しめる
コロンとかわいくて色合いも楽しい一口フライ

ヒエのフィッシュボールの
フライ弁当

材料
ヒエのフィッシュボール(P63)…4個
溶き粉
　小麦粉…大さじ3
　自然塩…ひとつまみ
　水…大さじ2
パン粉…大さじ1
青のり…小さじ1
揚げ油(植物油)…適量
玄米ごはん…240g
自然塩…適量
焼き海苔…適量
カブ…1/2個(50g)
梅ネギの切り和え(P36)
　…10g
丸煮ゴボウ(P86)…10cm

作り方
1. 小麦粉に塩ひとつまみと分量の水を加え、溶き粉を作る。パン粉に青のりを混ぜる。
2. ヒエのフィッシュボールに①の溶き粉と青のり入りパン粉をつけて、180℃の油でカラリと揚げる。
3. カブは皮をむかずに一口大に切って、梅ネギの切り和えで和える。
4. 丸煮ゴボウは5cmの長さに切って、タテ半分に切る。
5. 玄米ごはんは4個の塩むすびにして、焼き海苔を巻く。

[お弁当箱に詰める]
6. ②〜⑤をそれぞれお弁当箱に入れる。

＊ニラソース

材料(作りやすい分量)
ニラ…50g
しょう油…大さじ6
梅酢…大さじ2
ごま油…大さじ1と1/2

作り方
ニラをみじん切りにして保存用の容器に入れ、しょう油、梅酢、ごま油を入れる。作りたても時間をおいたものもおいしい。

ヒエの
フィッシュボールの
タイ風炒め弁当

ヒエの
フィッシュボールの
フライ弁当

69

ヒエエビを使った
お弁当2種

ヒエエビと玄米ビーフンの素揚げ
2つの白の食感を中華あんでつないで

揚げビーフンの
ヒエエビあんかけ弁当

材料
[ヒエエビのあんかけ]
ヒエエビ(P63)……4個
パプリカ……30g
生姜・ニンニク……合わせて1g
高野豆腐……1枚
カシューナッツ……20g
干しシメジ……2g
水……1/2カップ
薄口しょう油……大さじ1
くず粉……小さじ1(水小さじ1で溶く)
植物油……小さじ1

玄米ビーフン……1/4袋(10g)
揚げ油(植物油)……適量
六穀ごはん……180g
もろみ漬け大根……2切れ

作り方
[ヒエエビのあんかけ]
❶ 玄米ビーフンは少量ずつ高温の油で揚げる。ヒエエビは素揚げする。高野豆腐は水で戻して、しっかりしぼる。干しシメジは分量の水で戻して、細かく刻む。
❷ 生姜は皮つきのまま千切りにする。ニンニクも千切りにして、パプリカと①の高野豆腐は8mm角のさいの目切りに、カシューナッツは煎って3等分に切る。
❸ フライパンに油と②のニンニクを入れ、火にかける。ニンニクの香りがしてきたら、生姜も加えてさっと炒め、②のパプリカと高野豆腐を入れる。さらに①の干しシメジと戻し汁を入れ、煮立ったら、薄口しょう油を入れて3分煮る。
❹ 水で溶いたくず粉を③にまわし入れ、②のカシューナッツ、①のヒエエビを入れて、とろみがつくまで混ぜながら煮る。
[お弁当箱に詰める]
❺ 深めのお弁当箱に六穀ごはんを盛り、①の揚げビーフン、④のヒエエビのあんかけの順に上に盛り、もろみ漬け大根を添える。

ナッツ揚げのふんわりヒエエビと
ナッツ衣とのコントラストがおいしい!

ヒエエビの
ナッツ揚げ弁当

材料
[ヒエエビとニンジン蒸し煮のナッツ揚げ:3個分]
ヒエエビ(P63)……3個
ニンジン蒸し煮(P87)
　……1cmの厚さの輪切り3枚
ナッツ(好みのもの)……20g
溶き粉
　小麦粉……大さじ3
　自然塩……ひとつまみ
　水……大さじ2
揚げ油(植物油)……適量
キャロットソース(P87)……適量

六穀ごはん……160g
ブロッコリー……適量

作り方
[ヒエエビとニンジン蒸し煮のナッツ揚げ]
❶ ナッツはみじん切りにする。
❷ 小麦粉に塩と分量の水を加え、溶き粉を作る。
❸ 輪切りのニンジン蒸し煮の側面に②の溶き粉と①のナッツをつける。ヒエエビにも細い方を1/3くらい残して溶き粉とナッツをつける。
❹ ③を180℃の油でカラリと揚げる。
[お弁当箱に詰める]
❺ お弁当箱にヒエエビとニンジン蒸し煮のナッツ揚げを入れ、ゆでたブロッコリーとキャロットソースを添える。六穀ごはんも詰める。

揚げビーフンの
ヒエエビあんかけ弁当

ヒエエビの
ナッツ揚げ弁当

フノリ入りのヒエエビはプリプリ食感に海の風味が加わって本格味
いつもの食材で作れるチリソースとニラソースで中華弁当を楽しむ

ヒエエビのチリソース弁当

材料
[フノリ入りプリプリヒエエビ:7個分]
基本のヒエしんじょの生地(P62)
　……1/6単位(90g)
小麦粉……10g
フノリ……1g
揚げ油(植物油)……適量

[チリソース]
タマネギ……50g
生姜……2g
赤唐辛子……1/2本
水……3/4カップ
トマトピューレ……大さじ1と1/2
しょう油……大さじ1/2
白たまり(または薄口しょう油)
　……大さじ1
ごま油……大さじ1/2
くず粉……12g(水大さじ2で溶く)

[白キクラゲのニラソース和え]
白キクラゲ……2g
ブロッコリー……4切れ(小房)
ニンジン蒸し煮(P87)……20g
ニラソース(P68)……大さじ1

もちキビごはん……120g
福神漬……適量

作り方
[フノリ入りプリプリヒエエビ]
① フノリはさっと水に通してザルにあげ、すぐ水をきる。
② 基本のヒエしんじょの生地に小麦粉と①のフノリを混ぜ、7個に分けて(1個約15g)成型する。180℃の油で素揚げする。

[チリソース]
③ タマネギはまわし切りに、生姜は皮つきのままみじん切りに、赤唐辛子は種を取って小口切りにする。
④ フライパンにごま油を熱して③の生姜を入れ、赤唐辛子とタマネギを加えて炒める。
⑤ ④に水3/4カップ、トマトピューレ、しょう油、白たまりを入れて、1〜2分煮る。
⑥ ⑤に水で溶いたくず粉をまわし入れ、とろみがつけばチリソースのできあがり。②を入れてからめ、ヒエエビのチリソースを仕上げる。

[白キクラゲのニラソース和え]
⑦ 白キクラゲは水につけて戻し、熱湯で1分ゆでてザルにあげ、一口大に切る。
⑧ 細切りにしたニンジン蒸し煮と蒸して(またはゆでる)一口大に切ったブロッコリーは⑦と合わせて、ニラソースをかける。

[お弁当箱に詰める]
⑨ お弁当箱にもちキビごはんと福神漬、⑥と⑧を入れる。

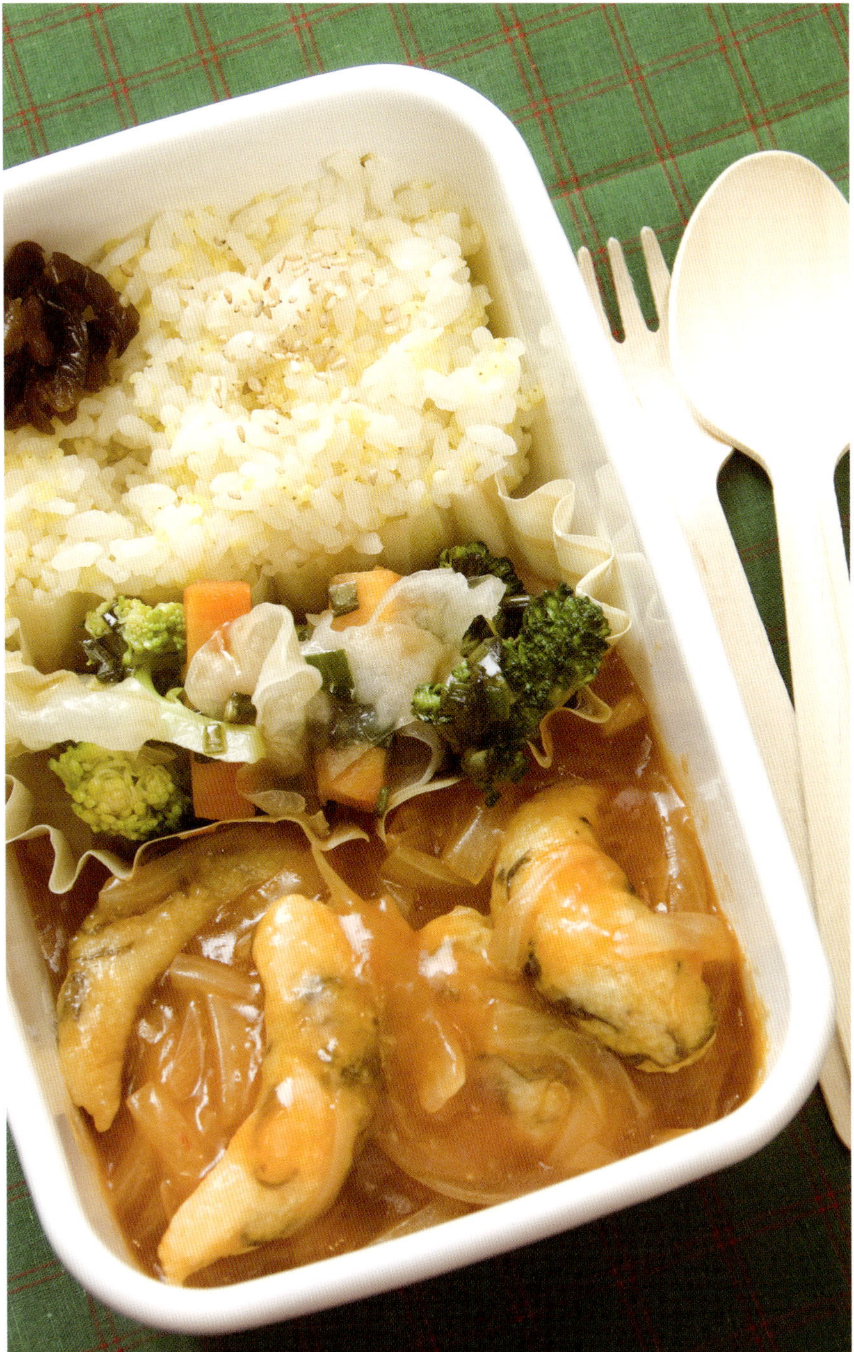

おにぎりと天ぷらを合わせて海苔で巻き
天むす感覚を楽しむお弁当

ザルやカゴごと風呂敷などに包んで、
ちょっとしたピクニックや
屋外でのランチに！

ヒエエビの天ぷらおにぎり弁当

材料(3〜4人分)
フノリ入りプリプリヒエエビの生地(P72)……全量
パプリカ……適量
溶き粉
　小麦粉……1/4カップ
　自然塩……小さじ1/8
　水……大さじ3
揚げ油(植物油)……適量

[クルミ味噌]
クルミ……10g
麦味噌……小さじ2

もちキビごはん……320g
高キビごはん……320g
青のりごま塩＊……小さじ2
焼き海苔……1枚
カブ……1/2個(50g)
梅ネギの切り和え(P36)……10g
インゲンのエゴマ和え(P36)……40g
たくあん・もろみ漬け大根・しば漬け……適量

作り方
1. もちキビごはんと高キビごはんは、それぞれ80gずつのおにぎりに握る。
2. クルミは煎って、粗く刻み、麦味噌と混ぜてクルミ味噌をつくる。
3. もちキビごはんのおにぎりには青のりごま塩を、高キビごはんのおにぎりには②のクルミ味噌をトッピングする。焼き海苔は8等分に切る。
4. カブは皮つきのまま一口大に切り、梅ネギの切り和えで和える。
5. フノリ入りプリプリヒエエビの生地は8等分にして、小さめのヒエエビを作る。
6. 小麦粉に塩と分量の水を加え、溶き粉を作る。
7. パプリカは8mmの輪切りにして、種を取る(4枚作る)。
8. ⑤と⑦に⑥の溶き粉をつけて、180℃の油でカラリと揚げる。

[お弁当箱に詰める]
9. ③のおにぎりと焼き海苔、④のカブの梅ネギ和え、⑧の天ぷら、インゲンのエゴマ和え、漬け物を盛り合わせる。

＊青のりごま塩

材料(作りやすい分量)
自然塩……小さじ1
白ごま……小さじ4強
青のり……少々

作り方
1. 塩は煎って、すり鉢でさらさらにする。白ごまも煎って、すり鉢に加え、力を入れずにすって、ごま塩を作る。
2. ①のごま塩小さじ1強に青のりを適量加え、青のりごま塩を作る。
＊ ①のごま塩は、毎日のごはんにかけるとおいしいうえに、体の元気も引き出してくれます。

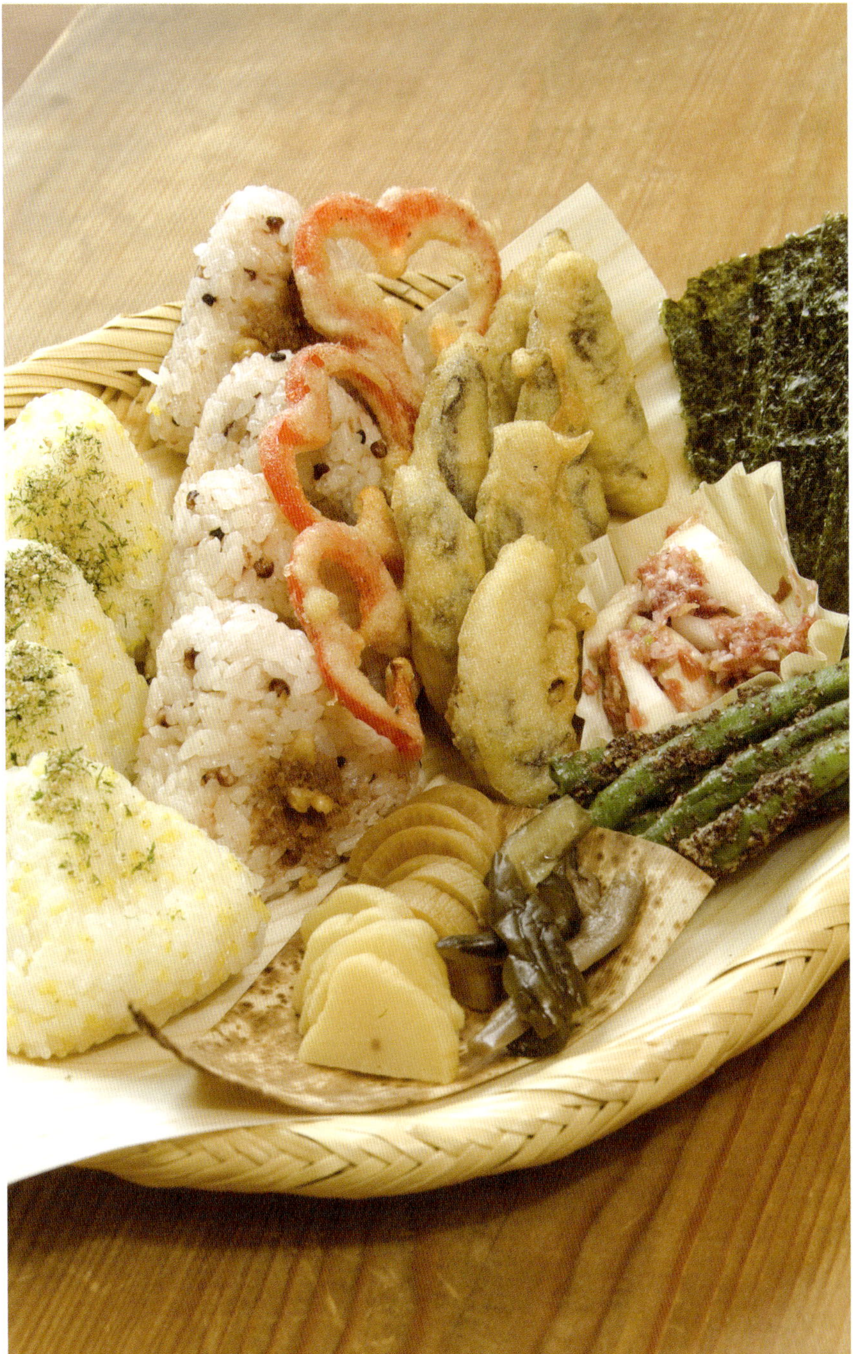

レンコンと春雨の食感がサクッと
蟹の身みたいにおいしくて楽しい

ヒエの蟹爪風フライ弁当

材料

ヒエの蟹爪風フライの生地
　基本のヒエしんじょの生地（P62）……1/6単位（90ｇ）
　レンコン……15ｇ
　長ネギ……5ｇ
　生姜……1ｇ
　緑豆春雨……4ｇ
　赤トサカノリ……1ｇ
　植物油……小さじ1/2
溶き粉
　小麦粉……大さじ3
　自然塩……ひとつまみ
　水……大さじ2

パン粉……適量
揚げ油（植物油）……適量
ニンジン蒸し煮（P87）……1cm角6cmの
　長さの尖ったスティック4本
キャロットしょう油ソース（P87）
　……大さじ1

六穀ごはん……120ｇ
もろみ漬け大根……3切れ
ブロッコリー……4切れ（小房）
麦味噌……小さじ2
水……小さじ2

作り方

1. レンコンと長ネギは繊維にそって1cmの長さの千切りにする（レンコンの皮はむかない）。生姜は皮つきのままみじん切りにする。
2. 春雨は熱湯で5分ゆでて水にとり、細かく切る。赤トサカノリはさっと水に通してザルにあげ、すぐ水をきって、細かく切る。
3. フライパンに油を熱して、①の生姜、長ネギ、レンコンの順に炒める。
4. 基本のヒエしんじょの生地に②と③を入れて混ぜ、3個（1個約30ｇ）に分けて、卵型に握る。
5. 小麦粉に塩と水大さじ2を加え、溶き粉を作る。
6. ④に溶き粉とパン粉をつけて、180℃の油でカラリと揚げる。
7. ⑥に箸で穴をあけて、ニンジン蒸し煮のスティックを蟹爪のようにさす。
8. ブロッコリーはゆで、水小さじ2で割った麦味噌をトッピングする。
9. もろみ漬け大根は6mm角のさいの目切りにする。

［お弁当箱に詰める］

10. お弁当箱に六穀ごはんを入れ、⑨のもろみ漬け大根をのせる。さらに⑦の蟹爪風フライと⑧のブロッコリーを入れ、キャロットしょう油ソースを添える。

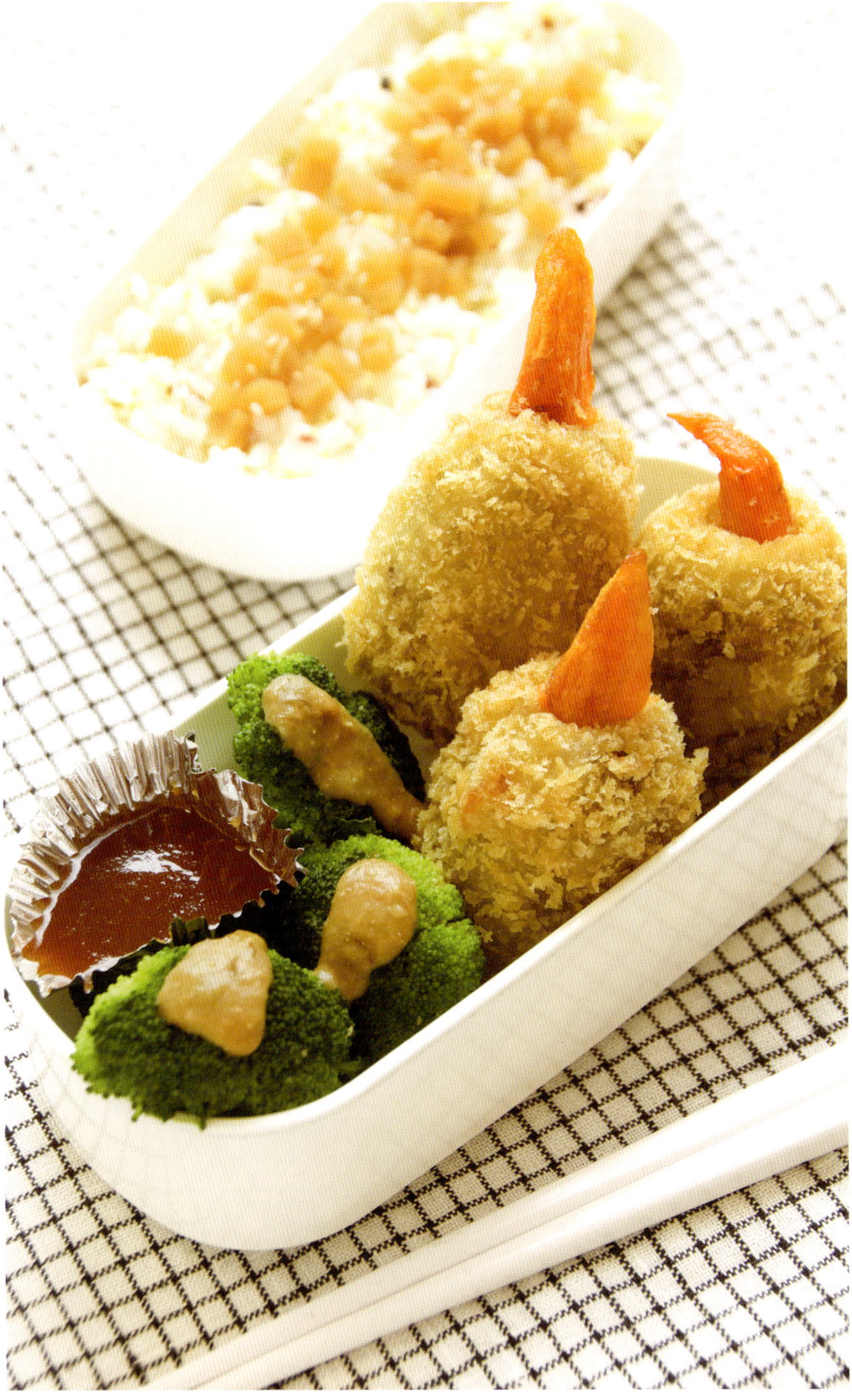

蟹爪コロッケの生地に赤トサカノリをのせて蒸し、
蟹かまぼことしゃれてみる！

ヒエの蟹かまぼこ風弁当

材料
[ヒエの蟹かまぼこ風：12×7.5×4.5㎝の小さな流し缶1枚分]
ヒエの蟹爪風フライの生地(P76：生姜と赤トサカノリを入れないもの)……全量
赤トサカノリ……1g
小麦粉……10g
植物油……適量

もちキビごはん……180g
梅干し……1個
杉皮ゴボウ(P86)……3〜4㎝の長さのもの1枚
白キクラゲ……1g
しば漬け……5g
インゲンの白ごま和え(P36参考)……20g
ニンジン蒸し煮(P87)……5㎜の輪切り3切れ

作り方
❶ ヒエの蟹爪風フライの生地に小麦粉を入れて、よく混ぜる。赤トサカノリはさっと水に通してザルにあげ、すぐ水をきる。
❷ 油をうすく塗った流し缶に①のヒエの蟹爪風フライの生地をしっかり詰めて、さらに赤トサカノリをのせ、蒸気の上がった蒸し器で8分蒸す。
❸ ②を型から出して1cm幅に切る。
❹ 杉皮ゴボウに楊子をさす。
❺ 白キクラゲは水につけて戻し、熱湯で1分ゆでてザルにあげる。一口大に切り、細く切ったしば漬けと混ぜ合わせる。
[お弁当箱に詰める]
❻ もちキビごはんを入れて梅干しをのせ、さらに③を4切れ、④と⑤、インゲンの白ごま和えとニンジン蒸し煮を入れ込む。
＊ 残ったヒエの蟹かまぼこ風は、3〜4日ほど冷蔵庫で保存できます。かたくなったら、蒸し直してください。

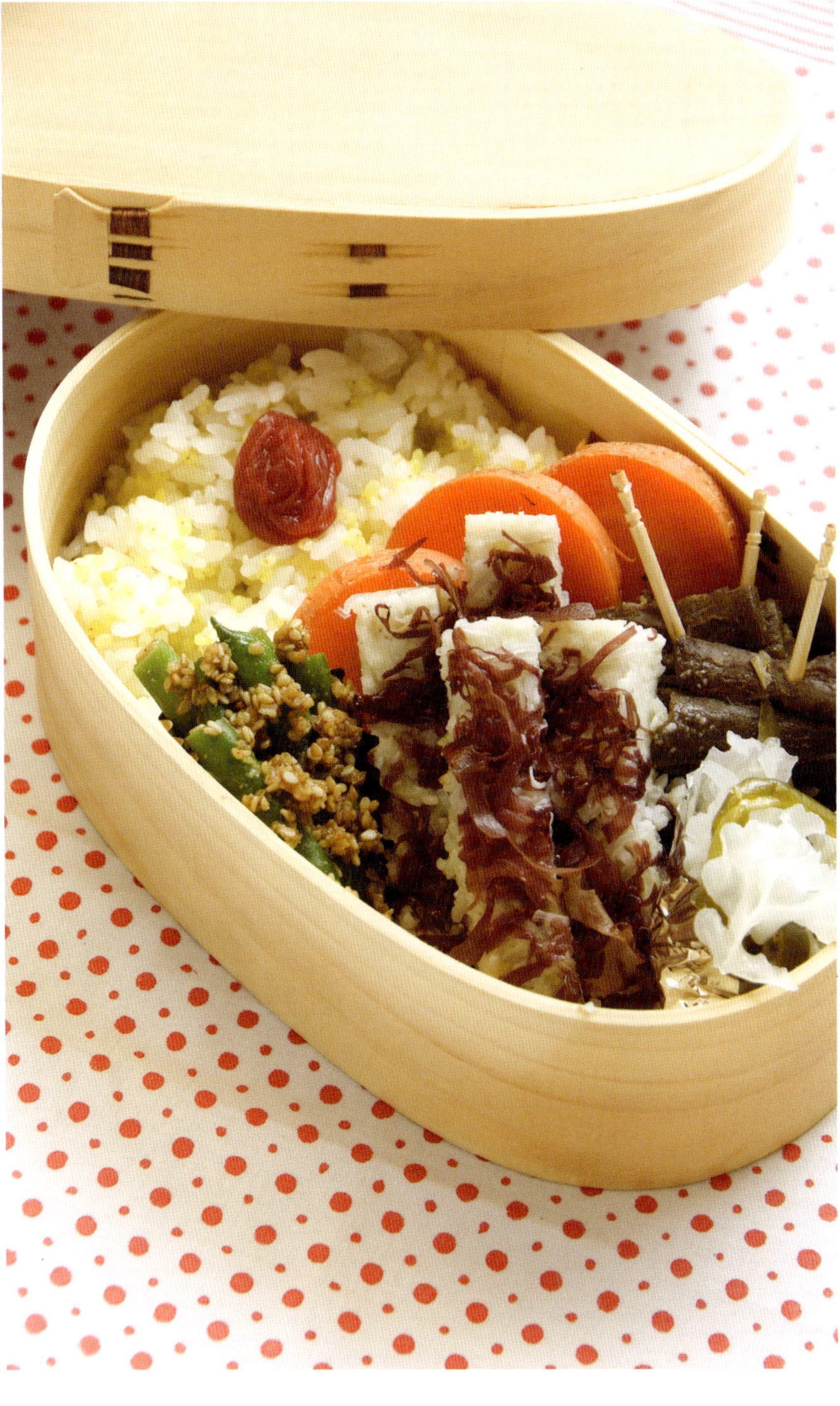

ヒエつみれを使った
お弁当2種

ヒエつみれを
焼き海苔と青ジソで
巻いて揚げた
贅沢天ぷらのお弁当

本格つみれと誰もがうなる
おいしいヒエつみれと
常備菜でババッと作れる
バーベキュー味の煮物弁当

ヒエつみれの
天ぷら弁当

材料
ヒエつみれ(P63)……4個
焼き海苔……1/4枚
青ジソ……2枚
梅酢煮レンコン(P86)……輪切りにしたもの2枚
ニンジン蒸し煮(P87)……輪切りにしたもの2枚
インゲン……2本
溶き粉
　小麦粉……10g
　自然塩……ひとつまみ
　水……大さじ2
揚げ油(植物油)……適量

六穀ごはん……100g
ゆかり……少々
たくあん……2切れ

作り方
❶ 六穀ごはんは握って、俵型のおにぎりを2個作る。
❷ 小麦粉に塩と分量の水を加え、ゆるい溶き粉を作る。焼き海苔は半分に切る。
❸ ヒエつみれに❷の焼き海苔と青ジソをそれぞれ巻いて、❷の溶き粉にくぐらせ、180℃の油で揚げる。
❹ 梅酢煮レンコン、ニンジン蒸し煮、ゆでたインゲンも溶き粉にくぐらせ、揚げる。
[お弁当箱に詰める]
❺ ❶のおにぎりにゆかりをまぶしたもの、❸と❹の天ぷら、たくあんを入れる。

ヒエつみれと
即席煮物弁当

材料
[ヒエつみれと即席煮物]
ヒエつみれ(P63)……3個
丸煮ゴボウ(P86)……30g
梅酢煮レンコン(P86)……20g
ニンジン蒸し煮(P87)……25g
インゲン……10g
しょう油……大さじ1
リンゴジュース……大さじ2
植物油……小さじ1

もちキビごはん……160g
しば漬け……適量
紅生姜……適量

作り方
[ヒエつみれと即席煮物]
❶ 鍋にしょう油とリンゴジュースを入れて火にかけ、2/3くらいになるまで煮詰める。
❷ 丸煮ゴボウ、梅酢煮レンコン、ニンジン蒸し煮は小さめの乱切りにする。インゲンはゆでて、3等分に斜め切りする。
❸ フライパンに油を熱して、ヒエつみれの両面に色がつくまで焼き、取り出しておく。
❹ ❸のフライパンに❷の丸煮ゴボウ、梅酢煮レンコン、ニンジン蒸し煮、インゲンを順に入れて炒め、全体に油がまわったら、❶を半分加えて炒め合わせる。
❺ ❹に❸のつみれを戻して、さらに❶の残り半分を加えて、さっと炒め合わせる。
[お弁当箱に詰める]
❻ もちキビごはんを入れ、しば漬けと千切りにした紅生姜を混ぜてのせる。さらに❺のヒエつみれと即席煮物を入れる。

ヒエつみれの
天ぷら弁当

ヒエつみれと
即席煮物弁当

丸煮ゴボウを巻きつけたヒエつみれと
千枚漬けで巻いた蒸し野菜がユニークなボリューム弁当

ヒエつみれのゴボウ巻き弁当

材料
ヒエつみれのゴボウ巻き(P63)……4個
植物油……適量
玄米ごはん……180ｇ
もろみ漬け大根……輪切りにしたもの2切れ
昆布の佃煮(P86)……2㎝角にしたもの3切れ
小松菜のクルミ和え(P36)……20ｇ
ニンジン蒸し煮(P87)……8㎝のスティック3本
インゲン……2～3本
大根の千枚漬け(P60)……6～7枚
梅酢煮レンコン(P86)……3㎜の輪切りにしたもの1枚
青ジソの切り和え味噌(P36)……小さじ1強

作り方
❶ フライパンを中火にかけ、少量の油を熱して、ヒエつみれのゴボウ巻きの表面を焼く。
❷ ニンジン蒸し煮のスティックとゆでて半分に切ったインゲンを、それぞれ大根の千枚漬けで巻く。
[お弁当箱に詰める]
❸ 玄米ごはんを入れ、もろみ漬け大根と昆布の佃煮をのせる。①のヒエつみれのゴボウ巻き、②の野菜の千枚漬けロール、小松菜のクルミ和え、梅酢煮レンコンの輪切りを半分にしたものを入れ、青ジソの切り和え味噌を添える。

83

レンコンの多彩な食感を楽しむベジタリアンさつま揚げと
つぶつぶチャーハンをサラダ菜と一緒にかごに盛り込んで

ヒエのさつま揚げと雑穀チャーハン弁当

材料
[ヒエのさつま揚げ：6個分]
基本のヒエしんじょの生地(P62)……1/3単位(180ｇ)
レンコン……40ｇ＋40ｇ
エゴマ……20ｇ
裏白キクラゲ……5ｇ
小麦粉……25ｇ
揚げ油(植物油)……適量

[雑穀チャーハン]
雑穀ごはん……200ｇ
インゲン・パプリカ・
　梅酢煮レンコン(P86)……各20ｇ
植物油……小さじ2
自然塩……小さじ1/8
薄口しょう油……小さじ1

丸煮ゴボウ(P86)……5cmの長さ1本
梅酢煮レンコン(P86)……3mmの輪切りにしたもの2枚
たくあん……薄切り3枚
フノリ……少々
白ごま……小さじ1と1/5
サラダ菜……4枚

作り方
[ヒエのさつま揚げ]
❶ レンコンは皮つきのまま40ｇをすりおろし、40ｇを3mm角に切る。裏白キクラゲは水で戻し、2.5cmの長さの千切りにする。エゴマは煎る。
❷ 基本のヒエしんじょの生地が熱いうちに、①のすりおろしたレンコンを入れてよく混ぜる。
❸ ②の粗熱がとれたら、さらに①の角切りにしたレンコン、エゴマ、裏白キクラゲを入れて混ぜる。全体がなじんだら、小麦粉を混ぜる。
❹ ③を6個に分け(1個約40ｇ)、さつま揚げの形に成型する。蒸気の上がった蒸し器で8分蒸す。
❺ ④の粗熱がとれたら、水気をふき、180℃の油で揚げる。

[雑穀チャーハン]
❻ インゲン、パプリカ、梅酢煮レンコンを7mm角に切る。
❼ フライパンに油を熱して⑥の野菜を炒め、塩をふる。雑穀ごはんを加えて炒め、仕上げに薄口しょう油を鍋肌から加えて混ぜる。

[お弁当箱に詰める]
❽ サラダ菜を敷き、⑦のチャーハンと⑤のさつま揚げ、丸煮ゴボウのスライス、梅酢煮レンコンの輪切りを半分にしたものを入れる。
❾ 千切りにしたたくあん、戻したフノリ、煎った白ごまを混ぜ合わせて、添える。

＊ ①の3mm角に切ったレンコンは、インゲンにかえてもおいしいです。

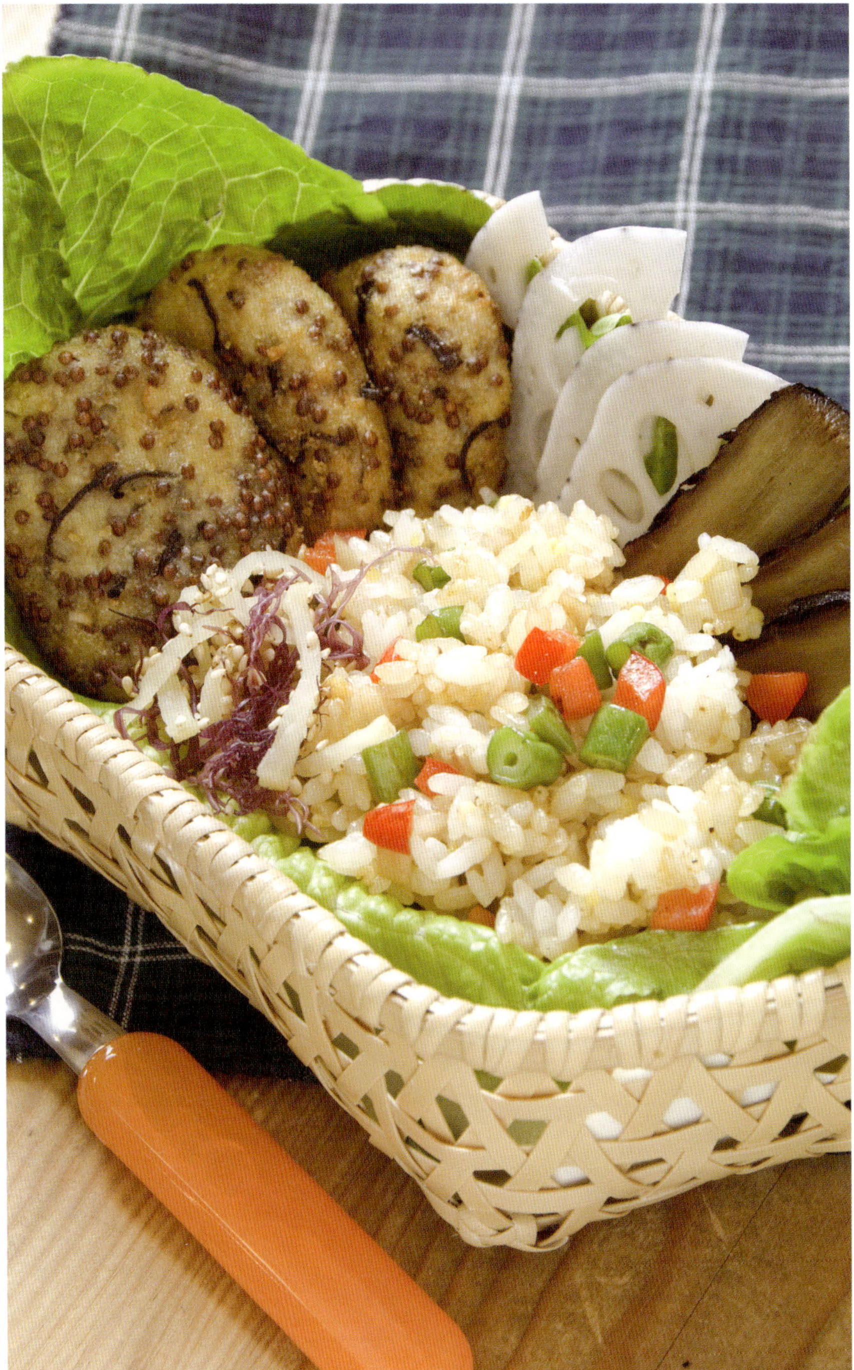

Column お弁当の味方 3

根菜の簡単保存料理術

丸煮ゴボウと昆布の佃煮

材料（作りやすい分量）
ゴボウ……1本（150g）
昆布……10cm角
植物油……大さじ1
水……2カップ
しょう油……大さじ1と1/2

作り方
1. ゴボウは皮つきのまま鍋に入る長さに切る。
2. 油を熱して、①のゴボウを炒め、アクがとんでツンとした匂いが甘く変わるまで、中火でときどき転がしながら炒める。
3. ②に分量の水と昆布を入れ、フタをして、水が半分くらいになるまで煮る。
4. ③にしょう油を加え、煮汁がほとんどなくなるまで中火で煮込み、最後に煮汁を煮詰めながらからめる。
5. ④の鍋のゴボウのうま味が利いた昆布は、そのまま佃煮となる。
* ゴボウのアクは、炒めることでうま味に変わるので、水につけてアク抜きしない方がおいしいです。
* ゴボウと一緒に煮た昆布は、とてもおいしい佃煮になっています。一度に簡単でおいしい2品のおかずができるおすすめの調理術です。

杉皮ゴボウ

杉皮ゴボウのバリエーション

材料（作りやすい分量）
丸煮ゴボウ（上記）……適量

作り方
丸煮ゴボウにタテに切れ目を入れ、麺棒を使ってゴボウが開いて平らな皮状になるまでたたく。さらに、崩れてフレーク状になったものも、新食感のおいしいおかずになる。

梅酢煮レンコン

切り方いろいろ

材料（作りやすい分量）
レンコン……200g
水……2カップ
梅酢……大さじ1

作り方
1. レンコンは皮つきのまま適当な大きさに切る。
2. 鍋に①のレンコンを入れ、水と梅酢を入れてしばらく置く。
3. 鍋にフタをせず、火にかけ、沸騰したら中弱火にして5分煮る。
4. 煮汁につけたまま冷ます。
* 煮たレンコンは、煮汁につけたまま、容器などに入れて保存します。

大地のエネルギーがいっぱいの根菜には、粘り強い体力をつくる力があります。
独特の食感とおいしさがあり、保存性もいいのがうれしい食材です。
新鮮なうちにまとめて調理しておけば、1週間はもつので、
毎日のお弁当の栄養バランスを、手間なしで高めることができます。

ニンジン蒸し煮

切り方いろいろ

材料（作りやすい分量）
ニンジン……500g
自然塩……小さじ1

作り方
❶ ニンジンは丸ごと皮つきのまま、塩をまぶし、蒸し器に並べる。
❷ 火にかけて、竹串がスーッと通るようになるまで15～20分蒸す。

キャロットソース

材料（作りやすい分量）
ニンジン蒸し煮（上記）……250g
自然塩……小さじ2/3
梅酢……大さじ1と1/2

作り方
❶ ニンジン蒸し煮は裏ごしするか、フードプロセッサーに入れ、マッシュする。
❷ ①に塩と梅酢を入れてピューレ状にする。

高級ウスターソースのような味が簡単に！

キャロットしょう油ソース

材料（作りやすい分量）
キャロットソース（上記）……大さじ1
しょう油……大さじ1

作り方
キャロットソースとしょう油を混ぜる。

つぶつぶ雑穀お弁当がおいしく作れるおすすめ素材

国内のこだわり生産者たちが、気合いを入れて作っている食材を紹介します。伝統の発酵調味料と油と塩、そして、本物の塩と発酵調味料で漬けた砂糖も化学調味料も無添加のおいしくて安心な漬け物は、日持ちがして、うま味の濃いお弁当作りに欠かせない、頼れる味方です。

自然海塩 海の精
（海の精株式会社）

日本の海から伝統の製法でつくられた60種類以上の微量ミネラルを含む塩。素材のうま味を引き出す。

生しぼり醤油
（海の精株式会社）

自然海塩海の精で仕込んだ、火入れしていない生醤油で、発酵熟成から生まれるうま味と栄養の宝庫。

国産 黄金油・菜種油
（有限会社鹿北製油）

伝統製法で搾った無添加の精製していない菜種油。バター風味の黄色い油で、必須脂肪酸のα-リノレン酸を多く含む。

ごま油
（オーサワジャパン株式会社）

伝統製法で搾った無添加の精製していないごま油。香味があり、薬効成分と抗酸化成分に富む。

麦味噌
（海の精株式会社）

塩と麦麹で仕込んだ味噌。発酵熟成によるコクとうま味があり、腸を元気にする栄養の宝庫。

豆味噌
（海の精株式会社）

塩で仕込んだ、大豆だけでつくる焦げ茶色の味噌。かすかな渋みと苦みがうまい、濃厚な味噌。

紅玉梅酢
（海の精株式会社）

塩で仕込んだ赤梅酢。酢ではなく塩の仲間で、キリッとした酸味があり、消化を促進する働きがある。

紅玉小梅
（海の精株式会社）

小梅と赤ジソを塩で漬け込んだ昔作りの小梅漬け。やわらかい果肉がとろりとおいしい。

天日干したくあん
（海の精株式会社）

天日に干した大根を塩と糠で漬けた昔作りの本格たくあん漬け。

諸味漬だいこん
（海の精株式会社）

天日に干した大根をこだわりの醤油と玄米味噌に漬け込んだ個性派のたくあん。

しょうが紅梅漬
（海の精株式会社）

生姜を紅玉梅酢で漬け込んだ砂糖無添加の紅生姜。

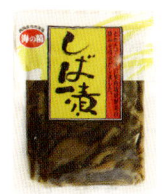

しば漬
（海の精株式会社）

キュウリとナスと生姜を梅酢と醤油とみりんで漬け込んだ砂糖無添加のしば漬け。

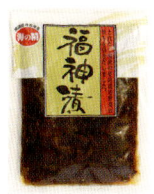

福神漬
（海の精株式会社）

大根、ナス、キュウリ、生姜、シソの実、シソの葉、シイタケ、ごまを醤油とみりんに漬けた砂糖無添加の福神漬け。

つぶつぶ料理のおいしさを体験できる「つぶつぶカフェ」

つぶつぶグルメワールドの詳しい情報は
http://www.tsubutsubu.jp を見てネ！
雑穀のお買い物もできるよ。

イラスト・もたいひでのり

2Fは食材がなんでも揃うつぶつぶショップ
（会員制通販あり）

●**つぶつぶカフェ いるふぁ店**
東京都新宿区弁天町143-5　TEL：03-3203-2093
都営地下鉄大江戸線・牛込柳町駅徒歩5分
東京メトロ東西線・早稲田駅徒歩10分

●**つぶつぶカフェ 長野駅前店**
長野県長野市南千歳1-3-7
アイビースクエア2F　TEL：026-224-2223
JR長野駅徒歩5分

ピースフードアクション net. いるふぁ ──伝えたい！いのちを輝かせるおいしさ！──

「いるふぁ」は、食デザイナー大谷ゆみこ主宰のピースフードを提唱する市民団体です。

お問い合わせ ▶ E-mail：info@ilfa.org
〒162-0851 東京都新宿区弁天町143-5　TEL：03-3203-2090／FAX：03-3203-2091

ピースフード
アクション
net.
いるふぁ
www.tsubutsubu.jp

おわりに

　健康と経済を守るためには、お弁当持参が欠かせません。

　素性の分かる安心食材を使って手作りしたお弁当には、お日さまや、雨や、風や、大地のエネルギーと一緒に、作物を育てた人々の深い愛がぎっしり詰まっています。また、お弁当からは、作った人の手のぬくもりや心が伝わってきて、食べる前から心がホカホカしてきます。

　冷めても、おいしさやぬくもりが失われない雑穀おかずや、伝統の野菜料理の組み合わせで、お弁当タイムの満足度も申し分なし。

　自分のからだを、そして、家族の健康を思いやりながら、つぶつぶ雑穀や旬の野菜、そして日本の伝統調味料のエネルギーに触れて過ごす朝のひとときの気分は、なにものにも変えがたい、キラメキと充足感があります。

　つぶつぶ三昧で育ったわが家の四人の子どもたちは、出かけることが決まると、いつでもいそいそとお弁当を作り始めます。

　　　　　　　　　　　　　　大谷ゆみこ

大谷ゆみこ（おおたに・ゆみこ）
暮らしの探検家・食デザイナー・「いるふぁ」呼びかけ世話人

「地球のおっぱいを食べよう！」というメッセージとともに、惜しみなくおいしい自己変革の技と心を発信し続けている。体の元気を引き出し、一人ひとりの中に眠っている可能性や潜在能力を引き出す力が雑穀にはあることを確信し、つぶつぶピースフードを提案。雑穀料理と自分磨きの専門誌「つぶつぶ」（年2回刊）を発行。著書に『未来食』『野菜だけ？』（メタ・ブレーン）、『雑穀グルメ・ダイエット』（サンマーク出版）など多数。
http://www.tsubutsubu.jp

つぶつぶ雑穀お弁当
野菜がたっぷり食べられる毎日のヘルシーレシピ

2009年3月 6日 初版印刷
2009年3月12日 初版発行

著 者	大谷ゆみこ
デザイン	原圭吾（SCHOOL）、山下祐子
撮影	沼尻淳子
調理協力	郷田未来、橋本光江、池田義彦、河井美香
発行者	光行淳子
発行所	株式会社 学陽書房
	東京都千代田区飯田橋1-9-3 〒102-0072
	営業部　TEL03-3261-1111　FAX03-5211-3300
	編集部　TEL03-3261-1112　FAX03-5211-3301
	振　替　00170-4-84240
印刷	文唱堂印刷
製本	東京美術紙工

©Yumiko Otani 2009, Printed in Japan
ISBN978－4－313－87124－3 C2077

乱丁・落丁本は、送料小社負担にてお取り替えいたします。
定価はカバーに表示してあります。

学陽書房の好評既刊！

野菜＋雑穀で作る簡単おいしいナチュラルレシピ
つぶつぶ雑穀スープ

手軽な一鍋クッキングで簡単に作れてしまうつぶつぶ雑穀スープは、自然のうま味と栄養がいっぱい！ 大地のエネルギーにあふれた毎日食べたい大満足のおいしさです。

大谷ゆみこ著
A5判並製88頁
定価1575円

甘さがおいしい驚きの簡単スイーツレシピ
つぶつぶ雑穀甘酒スイーツ

雑穀ご飯から簡単に作れる繊維とミネラルたっぷりの甘酒を使って楽しむNOアルコール、NOシュガーの100％ナチュラルスイーツ。各種和洋菓子からアイスまで一挙大公開。

大谷ゆみこ著
A5判並製80頁
定価1575円

野菜と雑穀がおいしい！簡単炊き込みごはんと絶品おかず
つぶつぶ雑穀ごちそうごはん

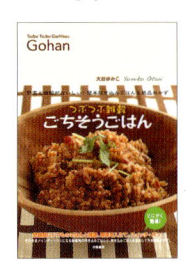

炊飯器にいつものごはんと雑穀、野菜を入れてスイッチ、ポン！ そのままでメインディッシュになるふっくらおいしい新感覚の炊き込みごはんのレシピ集。活用レシピも収録。

大谷ゆみこ著
A5判並製80頁
定価1575円

砂糖、卵、乳製品なしがおいしい100％ナチュラルレシピ
つぶつぶ雑穀粉で作るスイーツとパン

香ばしい！ しっとりしている！ コクがある！ 雑穀粉があれば、いつものおやつやパンが大変身。体にやさしく、安心の甘さとおいしさで、甘いものへの我慢や不安ともさようなら！

大谷ゆみこ著
A5判並製88頁
定価1575円

毎日食べたい！からだの元気を引き出す簡単おかず
つぶつぶ雑穀おかず

一鍋で3度楽しめる、雑穀それぞれの多彩な個性を生かした創作おかずレシピの決定版。コロッケやオムレツ、ミートボールなど、雑穀と植物性の素材だけなのに感動のおいしさ！

大谷ゆみこ著
A5判並製96頁
定価1680円

野菜＋雑穀のおいしさが味わえる驚きのパスタソース術
つぶつぶ雑穀パスタ

簡単で、おいしくて、体の元気も引き出してくれる、つぶつぶ流絶品パスタソースレシピ誕生！ 本格イタリアンから和風、アジアンまで、野菜たっぷりの驚きのレシピが満載です。

大谷ゆみこ著
A5判並製80頁
定価1575円

野菜と和素材がベースの体にやさしい絶品中華料理レシピ
つぶつぶ雑穀中華

高キビを使った麻婆豆腐、もちキビを使ったふわふわあんかけ、ヒエを使ったチリソース……ヘルシーなコクと一度食べたらやめられないおいしさで、家族みんなが大満足！

大谷ゆみこ著
A5判並製96頁
定価1680円

（価格は消費税5％込みです）